VIVENDO BEM A VIDA

Maria Ida Bachega Bolçone

VIVENDO BEM A VIDA

CEAC
EDITORA

ISBN 85-86359-35-1

3ª Edição - Fevereiro de 2010
500 exemplares
3.501 a 4.000

Copyright 2002 by
Centro Espírita Amor e Caridade
Bauru SP

Edição e Distribuição

CEAC
E D I T O R A

Rua 7 de Setembro 8-56
Fone/Fax (14) 227-0618
CEP 17015-031 - Bauru - SP
e-mail: editoraceac@ceac.org.br
site: www.ceac.org.br

Catalogação na Fonte
do
Departamento Nacional do Livro

```
B687b
     Bolçone, Maria Ida Bachega, 1947-
        Vivendo bem a vida/Maria Ida Bachega Bolçone;
        [ilustração: Milton Puga, José Policena]. -
        Bauru, SP: CEAC Ed., 2002 .
        144p. ; 18 cm

           ISBN 85-86359-35-1 (Broch.)

           1. Ficção espírita. I. Título.


                                          CDD:B869.3
```

CEAC Editora agradece:

Capa: *Milton Puga*
          José Policena

Ilustrações: José Policena

Revisão do texto: *Evanilde Rossi Sandrão*

SUMÁRIO

Prefácio - "Mudança de Ânimo" 11
Nosso Sítio 13
Os Peixinhos 17
A Estrela 23
Os Gigantes 29
As Pegadas 33
Frutos Secos 39
O Toque 47
A Câmara Escura 53
A Planta Parasita 59
As Marcas da Chuva 65
A Ordenha 69
O Granizo 75
Os Desafios 83
As Formigas 89
O Copo Plástico 95
O Milharal 101
Águas que Passam 107
O Tiziu 113
O Riacho 121
O Vôo do Sabiá 129
Oração Diante da Mata 135

PREFÁCIO

MUDANÇA DE ÂNIMO

— Está brigado com a Humanidade!

Assim um amigo costumava referir-se às pessoas que, em face de seus problemas, "amarram a cara", situando-se monossilábicas e taciturnas, extravasando, não raro, seu mau humor com palavras ásperas e atitudes malcriadas.

Obviamente, vivem mal, amargas e infelizes, como alguém que se alimenta de fel.

Se você se sente assim, meu caro leitor, experimente olhar-se no espelho.

Contemple esse indivíduo carrancudo e deboche dele.

Ria na sua cara e não vacile em chamá-lo às falas:

— Triste figura! Toma jeito, rapaz! Faça as pazes com o mundo! Encare com bom ânimo suas dificuldades. Vamos! Sorria!...

Não há infelicidade que agüente, quando nos dispomos a rir de nós mesmos.

***

Você pode fazer ainda melhor:

Leia este encantador livro, VIVENDO BEM A VIDA, *de nossa Maria Ida, acompanhando as peripécias de Letícia, uma menina de onze anos no sítio de seu avô, que ela denomina "Sábio Sabiá".*

*Há, se me permite dizer assim o leitor mais ilustrado, uma **sabedoria instintiva**, não apenas num determinado sabiá, mas em todos os seres vivos, respeitando a programação divina que preserva o equilíbrio da Natureza.*

O único ser destoante, que tem ameaçado nosso planeta, é o Homem, a agir em várias frentes nesse sentido, como se a intenção final fosse o aniquilamento da vida em todas as suas manifestações.

Desintegração do átomo, guerras, violência, poluição, devastação das florestas, contaminação dos rios, extinção de espécies... Um horror!

Terrível, devastador esse bípede pensante, orientado pelo egoísmo. Muitas de nossas aflições e desajustes surgem do comportamento individual egocêntrico que, projetado no coletivo, gera os problemas que afligem a Humanidade.

Por isso, podemos colaborar para consertar o Mundo, começando por ajustar a nós mesmos, a partir do empenho em cogitar de nossas responsabilidades, digamos, ecológicas.

E se já atingimos a maturidade física, se já formamos nossa prole, ajudemos aqueles que estão chegan-

do, oferecendo-lhes livros como este, trocando idéias a respeito, demonstrando como podemos viver muito bem, cultivando a simplicidade e observando as lições da Natureza, aqui tão singelamente apresentadas.

Você, leitor amigo, que conhece os maravilhosos benefícios do Culto do Evangelho no Lar, a reunião em família, onde falamos de Jesus, terá neste livro, VIVENDO BEM A VIDA, valiosos subsídios para um bate-papo atraente e produtivo.

Estaremos no caminho certo para ajudar nossos amados a conservar a paz, superando essa lamentável vocação de "brigar com a humanidade" que caracteriza a condição humana.

E todos haveremos de sustentar o bom humor, **de bem com a vida.**

Bom proveito!

Richard Simonetti

NOSSO SÍTIO

Meus avós moram em um sítio onde passamos grande parte de nosso tempo livre.

Nós o chamamos *Sítio do Sábio Sabiá*.

Localiza-se em um vale rodeado por montanhas.

A topografia da região proporciona bela paisagem que encanta o viajor sedento de tranqüilidade.

Vou contar algumas descobertas vividas por meus irmãos, primos, amigos e eu.

Antes, gostaria de dizer que meu avô conta muitas histórias.

Eis uma delas:

Era uma vez um sabiá que trazia no bico o alimento para a família e encontrou o seu ninho vazio. Sentiu receio de que algo houvesse acontecido. . .

Apreensivo, começou a procurar a fêmea e os dois filhotes.

A certa distância, percebeu algo se movimentando. Aproximou-se.

Os filhotes ensaiavam os primeiros vôos sob os cuidados da mãe.

Uma sensação de alívio percorreu o seu ser, mas logo foi invadido pela dor da perda: estava chegando o momento – breve eles partiriam!

Não obstante, sabiamente havia dado amor à prole e sabia que os bons exemplos vivenciados por ele e a companheira seriam a base segura para seus pequenos sabiás vencerem as intempéries da vida.

A certeza disso lhe deu paz.

Agora que você já sabe como surgiu o nome do sítio, vou me apresentar:

Chamo-me Letícia, tenho 11 anos e estou na quinta série. Minha família e amigos você conhecerá aos poucos.

E fica aqui o convite:

Vamos juntos explorar o nosso *Sítio do Sábio Sabiá!*

OS PEIXINHOS

O homem se desenvolve por si mesmo, naturalmente, mas nem todos progridem ao mesmo tempo e da mesma maneira; é então que os mais adiantados ajudam os outros a progredir, pelo contato social.

O Livro do Espíritos, Questão 779

Algo não agradável estava acontecendo comigo. Após as férias de julho, comecei a relaxar nos estudos. Não tinha vontade de estudar. As lições de casa pareciam uma tortura.

Quanto mais mamãe pedia para que eu cumprisse com minhas obrigações, mais irritada eu ficava. Se não deixava de fazer as tarefas, fazia-as correndo e na última hora, sempre sob pressão da mamãe.

Sabe o que estava acontecendo comigo? Na verdade, era uma grande preguiça tomando conta de mim!

O tempo foi passando e os desentendimentos com mamãe foram se agravando.

Mas, uma vivência interessante ajudou-me a repensar esta situação.

***

Aconteceu após o longo período de estiagem que trouxe a primeira chuva de setembro. A abundância das águas, descendo sobre o terreno inclinado, fez com que o nível da represa subisse.

Este fato provocou o aumento do volume de água que alimenta o tanque do jardim.

Quando a chuva cessou, saímos de casa para brincar.

Logo ouvimos a voz de André:

— Corram, venham ver!

Aproximamos rápido do tanque.

— Olhem! – disse, apontando para a lateral do tanque pequeno e arredondado, feito de pedras e cimento, onde a água cai fazendo um barulho harmonioso.

Com alguma dificuldade percebi pequeninas formas

alongadas se deslocando: eram peixinhos bem jovens.

— De onde eles vieram? – perguntou a pequena Gabriela.

— Só podem ter vindo da represa, trazidos pela enchente – respondeu André.

A novidade nos envolveu.

— Neste tanque, tão pequeno, irão morrer de fome! – exclamou Luciana.

Alguns minutos se passaram e farelos de pão, trazidos por Camila, foram jogados na água.

Aline, sempre atenta, comentou:

— Joguem pouco alimento! Coloquem a quantia suficiente para que não haja sobras! O excesso, ao ser decomposto por bactérias, faz com que elas se multipliquem muito rápido, aumentando o consumo de oxigênio dissolvido na água.

— E os peixinhos podem morrer, pois vai faltar oxigênio para eles respirarem! – exclamou, prontamente, Eduardo.

— Exatamente – concluiu Aline.

— E é por este motivo que em muitas rios e lagoas, de repente, peixes aparecem mortos, como se tem visto nos noticiários de TV e jornais – comentou Camila.

— Não somente os peixes, como todos os seres vivos do ecossistema do lago ou rio morrem, pois o esgoto contém matéria orgânica, isto é, restos de alimentos que são decompostos por bactérias e fungos...

— Ah! Já entendi... – falou Laura. – Minha professora tem nos dito que em todas as cidades deve haver uma estação de tratamento de esgoto, antes que ele seja lançado nos rios.

— É isso mesmo – completou Aline. – Daí a necessidade da nossa conscientização para tratarmos a natureza, obra do Pai Celestial, com todo o respeito pela vida.

— E nós também somos essa natureza! – Era vovô que se aproximava de nós e pôs-se a observar os novos habitantes do tanque.

Camila, que estava pensativa, perguntou:

— E quando eles ficarem grandes? São muitos e não caberão mais aqui!

Vovô, chamando a atenção sobre si, falou:

— Mais alguns meses e terei de retirá-los daqui. Para conseguirem mais espaço, levá-los-ei de volta para a represa.

— Como o senhor vai retirá-los? – perguntou Leonardo.

— Com uma espécie de coador feito com tela, que tenho guardado para esta finalidade. Depois, serão colocados em um balde. Desta forma, é possível remover sem machucá-los.

— E se não forem retirados – perguntei –, o que acontecerá com eles?

— Se ficarem aí, vão competir por espaço e alimento e acabarão morrendo – respondeu vovô, passando a mão direita pelo queixo, gesto característico de quando estava pensativo. Depois continuou falando:

— Estes peixes me lembram uma coisa muito importante: nós também crescemos, não somente no corpo. Somos Espíritos em expansão, buscando conquistar novos espaços, tanto no plano material, como no espiritual, tanto no nível da razão como no dos sentimentos. É a lei do progresso.

Era muito bom ouvi-lo.

— Mas - continuou ele - muitas vezes nos acomodamos... E a acomodação nos dá sensação de mal-estar, de vazio interior e nos sentimos muito insatisfeitos.

Fez uma pausa e continuou:

— Para os peixes será difícil saírem sozinhos na busca de outro espaço... É preciso que alguém o faça por eles. Nós também recebemos alguns empurrões da vida para acelerar a nossa evolução, principalmente quando não o fazemos por conta própria...

Aquelas palavras, ditas com suavidade, caíram sobre mim com uma grande força.

Meu coração disparou!

Havia entendido a mensagem: o coador de tela simbolizava o papel de mamãe que me tirava da acomodação e me empurrava para frente, para que eu pudesse ampliar meus espaços...

Naquele momento compreendi a importância dos educadores em nossas vidas. Procuram nos disciplinar até que consigamos vencer nossas rebeldias.

***

Nem preciso lhe dizer sobre o esforço que fiz daquele dia em diante para melhorar o meu desempenho. Sempre que a preguiça bate na porta de minha vontade, eu procuro barrar a sua entrada. Percebi que estou ficando mais forte no comando de mim mesma, que estou me disciplinando e... notei que mamãe está mais feliz!

A ESTRELA

Não julgueis a fim de que não sejais julgados.
Mateus, Cap. VII, vv. 1 e 2
O Evangelho Segundo o Espiritismo,
Cap. X

O sol havia se posto há algum tempo e a lua quarto minguante ainda não aparecera no céu. Este fato permitia às estrelas mostrarem o seu brilho com toda exuberância.

Sentadas na varanda da casa do sítio, mamãe e eu conversávamos envolvidas pela suave brisa que roçava nossos cabelos, pela frescura da noite, pelo barulho dos grilos e pelo movimento dos bezerros ainda à procura de alimento no cocho próximo.

Aquela paisagem nos tocava profundamente, ligando-nos a Deus. Tudo ali refletia paz. Sentíamos o amor expandir de dentro do peito e entrar em comunhão com a natureza. Nós e o universo formávamos um todo, onde vibrávamos em uníssono a grandeza da vida.

Mergulhadas na sublimidade daquela sintonia, gostaríamos de que todas as criaturas partilhassem conosco daquele momento. Isto nos fez lembrar das pessoas que ainda não conseguem perceber a paz que as rodeia, tão bloqueadas estão por seus dramas e conflitos interiores.

Adriana veio à minha mente. Ela estudava em minha classe. Tinha doze anos e morava em um orfanato. Fora abandonada pela família aos quatro anos, onde só recebera maus tratos.

Minha mãe conhecia bem a sua triste história.

Comentei:

— Sabe, mamãe, a Adriana está tendo atitudes bastante desagradáveis! Outro dia jogou terra no lanche do Paulinho e depois passou a mão suja na blusa da Giovana. Ela tem se descuidado das tarefas e até de se sua higiene pessoal, exalando mal cheiro. Briga por qualquer motivo!

— Como as outras crianças têm reagido? perguntou mamãe.

— A maioria reage com agressividade ou vão reclamar com a nossa orientadora, D. Nilva.

Enquanto conversávamos, olhávamos as estrelas e o contorno da vegetação.

À nossa frente, o pé de óleo de copaíba, com suas folhas miúdas e brilhantes, refletia a pouca luz do ambiente. A brisa embalava os seus ramos e isto fazia com que uma grande estrela ora ficasse visível, ora escondida.

Aquele movimento suave prendeu nossa atenção: a estrela ficava escondida e depois aparecia... Escondia... E aparecia...

Minha mãe, muito inspirada, refletiu:

— No grau evolutivo atingido por nós, já conquistamos qualidades, mas ainda trazemos muitos defeitos. Às vezes deixamos transparecer o nosso brilho interior; em outras, mostramos o lado escuro de nossas imperfeições. Ao Espírito reencarnante são dados, entre tantas outras coisas, a família, a escola e os amigos para ajudá-lo a aprimorar-se.

Fez uma pausa, como a procurar nas palavras a melhor expressão de seu pensamento, e continuou:

— Nós agimos constantemente sobre as outras pessoas, como o vento está fazendo agora sobre os ramos da árvore. Nossas atitudes de recriminação, de intolerância, de impaciência, de desafeto e até de agressividade podem acentuar os defeitos dos outros. Como o que mais chama a atenção é o lado negativo do outro, reforçamos o seu lado "escuro".

— Por outro lado – continuou a mamãe – quando ressaltamos o bom comportamento de outra pessoa, pelo estímulo da aprovação e da afetividade, fazemos com que ela se sinta valorizada e feliz pelo reconhecimento dos seus feitos. Deste modo, acaba por expandir o seu lado bom, fazendo brilhar cada vez mais a sua luz interior.

Um breve silêncio entre nós foi o suficiente para que eu entendesse e perguntei em seguida:

— A Senhora está fazendo a seguinte comparação: como o vento tem a possibilidade de esconder ou de deixar mostrar o brilho daquela estrela, nós também temos o poder de abafar as criaturas pelo desestímulo da recriminação ou fazê-las desabrocharem quando incentivamos o seu lado nobre a crescer mais?

— Isto mesmo, minha filha! exclamou mamãe.

— Quer dizer que posso ajudar a Adriana procurando valorizar o que ela tem de bom?

— Sim. Observe-a e você perceberá o lado "luz" de Adriana.

***

Naquela noite, rezei por minha amiga, pedindo a Deus que me mostrasse um caminho para ajudá-la.

Discretamente comentei, na semana seguinte, com nossa orientadora e minhas companheiras de escola, o diálogo que mantivera com mamãe. De comum acordo, passamos a ver o que Adriana trazia de bom. Não demorou muito tempo para percebermos que além da letra bonita e gostar de cantar, a garota do orfanato desenhava muito bem criando histórias em quadrinhos.

Passamos a solicitar a sua companhia e colaboração em algumas tarefas de escola e também a convidá-la para participar das brincadeiras e jogos. De início, Adriana ainda se mostrava agressiva e retraída; mas, com o passar do tempo foi se tornando mais dócil, mais confiante, mais receptiva ao carinho.

Essa experiência marcou-me profundamente, pois deixou bem claro que o AMOR é o maior tesouro que todos nós possuímos e que, se quisermos, podemos usá-lo à vontade para ajudar os outros a serem mais livres e felizes.

OS GIGANTES

*O que quer que seja que pedirdes na prece,
crede que o obtereis, e vos será concedido.*
Marcos, 11:24

Tio Pedro chegara da cidade, naquela manhã, trazendo a notícia: o pai de Carla tinha tido um aneurisma cerebral e estava hospitalizado, entre a vida e a morte. A família estava desesperada. O casal tinha três filhos pequenos. Carla, a mais velha, com onze anos, era nossa amiga.

O fato ecoou como uma bomba. Uma onda de

pesar caiu sobre nossas cabeças. Um grande aperto no coração fechou nossa alegria e espontaneidade.

Passamos o resto do dia preocupados com a família, sem vontade de programar qualquer aventura no sítio.

***

Ao entardecer, quando suavizou um pouco o calor, Artur sugeriu que fôssemos buscar tangerinas no sítio vizinho. Apesar do desânimo, lá fomos nós.

O sol já estava quase no horizonte. Seus raios incidiam em nossas costas e nossos corpos projetavam longas sombras na estrada. Éramos todos gigantes. Logo o fato virou brincadeira e demos asas à criatividade.

Um imaginava-se pegando uma pedra a mais de trinta metros de distância; outro, fazia movimentos expressando bichos ou danças exóticas.

Numa curva da estrada, nossas sombras projetadas chegaram a tocar as laranjas de uma árvore... pena que não conseguíamos apanhá-las.

Logo adiante, algumas pedras no caminho, nossas conhecidas, nos serviram de banco. A brisa suave roçava os nossos corpos enquanto continuávamos tagarelando.

Novamente o assunto se referiu à Carla e sua família: como estariam naquele momento? E se o mesmo acontecesse com os nossos pais?

A tristeza tornou a invadir os nossos corações.

A natureza, porém, calma e aconchegante nos convidava a algo mais.

Luciana, em determinado ponto da nossa conversa, fez a seguinte reflexão:

— Há pouco, com nossa imaginação, tentamos vencer uma grande distância superando a pequenez dos nossos corpos. Mas as sombras de nossas mãos foram incapazes de tocar os objetos de forma real. Eu aprendi que temos condições de vencer distâncias muito maiores do que esta e tocar realmente o alvo.

— Como? perguntamos em coro.

— Através do pensamento - respondeu ela. - Ele percorre distâncias incríveis para atingir o que queremos. Tudo depende da nossa vontade.

— Como isso é possível? perguntou Leonardo.

— Vou citar um exemplo continuou Luciana. - Estamos longe da Carla, mas o nosso pensamento está ligado a ela. Como estamos angustiados, apreensivos e tristes, ela está recebendo as nossas emoções. É provável que ela esteja sentindo a mesma coisa. As nossas emissões negativas estão reforçando o seu estado de sofrimento e aflição.

— Ah! Mas isto, não queremos! exclamou, de pronto, Marília.

— Podemos, através da reflexão, tentar modificar as nossas emoções – acrescentou Luciana.

Cassiane, que estava pensativa, contribuiu com estas palavras:

— Essa dificuldade que a família está passando é uma necessidade de aprendizado a todos, inclusive a nós – completou Leonardo.

— E se temos fé em Deus e confiança em Seus sábios propósitos – acrescentei –, é hora de sermos solidários e ajudar, mesmo que seja a distância.

— Exatamente! – concluiu Luciana. – Vamos, pois, sentir mais intensamente essa brisa suave, a beleza que nos envolve e fazer com que uma grande paz preencha os nossos corações.

Respiramos fundo, o canto dos pássaros nos embalava. Uma sentida prece brotou de dentro de nós, suplicando o amparo para aquela família.

As sinceras vibrações que nossas almas irradiavam,[1] certamente, superavam o espaço e cada um de nós estava aprendendo a vencer, dentro de si mesmo, as barreiras da falta de fé e do negativismo.

Artur foi o primeiro a interromper o silêncio:

— Vamos ou não vamos buscar tangerinas?

Animadamente nos levantamos. Já estávamos bem perto do sítio vizinho.

---

(1) Ação da Prece. Transmissão do Pensamento – *O Evangelho Segundo o Espiritismo,* Cap XXVII, 9 e 10

AS PEGADAS

*Ninguém pode ver o reino de
Deus se não nascer de novo.*
João, 3:3

O Evangelho Segundo o Espiritismo Capítulo IV

Naquela tarde ensolarada de verão, meus primos e eu estávamos voltando do sítio do Sr. José, conversando animadamente e comentando sobre a nossa aventura anterior.

Fôramos lá, buscar tangerinas. Eram as primeiras frutas que estavam amadurecendo e todos estávamos com vontade de saboreá-las.

Como éramos dez crianças e só encontramos cinco tangerinas maduras, a situação se complicou.

A maioria achou fácil solucionar o problema: cada um chuparia meia fruta.

Eduardo não gostou da idéia. Foi logo retrucando:

— A minha tangerina eu não divido com ninguém. Fui buscá-la no galho mais difícil de subir, enquanto muitos não fizeram esforço algum. A minha eu não reparto e ponto final.

Luciana, a mais velha da turma, rapidamente convenceu Eduardo a mudar de idéia. E, desta forma, todos conseguiram matar um pouco a vontade de uma fruta, que, sabíamos, teríamos em abundância após alguns dias.

Na caminhada de volta, resolvemos tirar os calçados sentindo o massagear da terra solta e fina em nossos pés.

Olhávamos atentamente o chão, procurando identificar as marcas que deixáramos na estrada na caminhada anterior.

Pelo desenho da sola dos tênis, cada um encontrou as pegadas que lhe pertencia, procurando pisar nas mesmas, fazendo no retorno, exatamente, o mesmo percurso da ida.

Marcos, olhando para trás, notou que os nossos passos, firmes e descalços, apagavam as marcas iniciais, deixando-as todas quase iguais.

Chamou nossa atenção e paramos para observar.

À nossa frente, estavam as marcas bem diferentes das solas dos calçados. Atrás, as marcas quase iguais de nossos pés descalços.

— Olhem – disse José Fernando – como as marcas novas são mais acentuadas e mais fortes!

Outros expuseram suas observações, mas o que mais chamou atenção foi o comentário de Luciana:

— Isto me leva a comparar com algo que venho aprendendo ultimamente: As pegadas da nossa caminhada anterior poderiam representar as encarnações em que o Espírito é marcado por um comportamento muito egoísta, onde o importante é somente o que ele pensa, o que ele faz ou o que ele quer. Por isso, assim como as pegadas eram diferentes e individualizadas, cada egoísta pensa e age a seu modo, pouco se importando com os outros, buscando apenas a sua própria satisfação.

"O nosso percurso de volta, porém, representaria aquele estado em que o Espírito, já mais evoluído, sente que faz parte da humanidade. Dentro dele já despertou a necessidade de juntar as forças, isto é, juntar o amor de todos para fazer o mundo mais fraterno, mais justo. Nessa fase, todos se igualam nos seus sublimes propósitos de fazer um mundo melhor."

Luciana nos cativava não só pela suavidade da sua voz, mas, principalmente, pelo sentimento que brotava de seu coração.

***

Naquele entardecer, a natureza pintou no céu os raios dourados do pôr-do-sol, coroando nossas cabeças; fez os pássaros se aquietarem procurando abrigo e fez as plantas dançarem levemente ao embalo da brisa. Fazia-nos bem todo aquele envolvimento.

Leonardo argumentou:

— Pouco conheço do mundo e pouco conheço de mim mesmo, mas enquadraria a maioria das pessoas no primeiro grupo, isto é, no das pegadas diferentes.

O que André respondeu, muito me surpreendeu:

— Eu, como muita gente, já aprendi a necessidade de compartilhar o que temos. Isto, algumas vezes, consigo fazer. Acontece que é muito difícil manter uma atitude que ainda não está enraizada dentro de nós.

Naquele momento, veio-me à lembrança o que Eduardo fizera no episódio das tangerinas. Percebi que ninguém o censurou ou ficou magoado com ele. O diálogo com Luciana fora suficiente para resolver o impasse. Isto já denotava um certo entendimento de nossa parte.

As minhas reflexões foram cortadas pelas seguintes palavras de Luciana, que não só me tocaram profundamente, como jamais as esquecerei.

— As colocações de Leonardo e André constituem uma grande verdade. Ainda somos Espíritos em processo de auto-educação. Muito trabalho tem que ser feito dentro de nós mesmos, para que o amor possa fazer morada em nossos corações. Mas, se a humanidade é a soma de todos nós e se só damos do que temos, não seria mais gratificante trabalhar mais conscientemente o nosso progresso? Se quisermos, podemos aumentar o número daqueles que se unem a fim de contribuir para que o mundo encontre a paz, a justiça e a fraternidade de que ele tanto necessita!

Abraçamos a prima Luciana.

Sentíamo-nos profundamente unidos pelos laços do coração!

38

FRUTOS SECOS

Assim, qualquer que seja o grau em que se achem na hierarquia espiritual, do mais ínfimo ao mais elevado, têm suas atribuições no grande mecanismo do Universo; todos são úteis ao conjunto, ao mesmo tempo que a si próprios.

A Gênese, Cap. XI, item 28

Muitas árvores e trepadeiras, após o período de florada, no verão, produzem frutos em forma de vagens que, no inverno, caem no chão juntamente com as folhas secas. Apesar de mortos, os frutos trazem ainda brilho e beleza, nos tons dourados e marrons.

Algumas plantas chegam a perder quase todas as folhas como é o caso do tamburi para, na primavera, brotarem com novos ramos e folhas.

Entrar na mata para recolher as vagens, os frutos, os cipós e as folhas secas constitui uma grande diversão, principalmente pela sua finalidade: não só arranjos para decoração mas para outras coisas que nossa criatividade puder conceber.

***

Saímos cedo para a colheita.

As sacolas logo foram ficando repletas dos frutos secos de pau-terra, vagens e sementes de algumas leguminosas como tamburi, monjoleiro, balõezinhos de uma trepadeira, folhas secas e tantas outras variedades de frutos e sementes cujos nomes ainda não sei.

Comecei a me observar atentamente. Não conseguia ficar bem comigo mesma; sentia um aperto no peito.

— O que estava ocorrendo dentro de mim?

Sem resposta.

Passei a prestar atenção nos acontecimentos à minha volta.

Algumas maritacas, alvoroçadas e barulhentas, sobrevoaram, próximas a nós, à procura de alimento, mas logo se distanciaram.

Pus-me a refletir.

Aquele sol ameno da manhã em poucas horas estaria quente e a pino.

A frescura da manhã seria substituída pelo calor.

O orvalho da relva evaporaria totalmente.

Tudo era transitório! Tudo era fugaz e passageiro!

De repente, identifiquei o que estava gerando aquela infelicidade dentro de mim: era dor da perda que me angustiava... Veio-me à lembrança o medo de perder um de meus pais. Havia presenciado todo o sofrimento de Carla enquanto seu pai estava entre a vida e a morte no hospital. Apesar dele ter tido boa recuperação, seu caso era muito delicado. Notei que em outras ocasiões sentira a mesma coisa. Quando um brinquedo quebrava, ou quando mamãe queria dar para alguém uma roupa que já não me servia mais, sentia um aperto dentro de mim. Não queria me desfazer de nada que gostava.

Comecei a perceber que o apego gera dor.

De repente me surpreendi com a pergunta:

— Por que, se tudo é mutação, queria eu me aprisionar a pessoas, a lembranças ou a objetos?

Saí de meu monólogo interno e voltei minha atenção à vivacidade com que a turma estava acabando de recolher os materiais para nossas obras de arte.

Tomamos o rumo de volta cantarolando a música *Aquarela do Brasil,* de Ari Barroso. Os sons da melodia abriram nossa alma, fazendo-nos sentir mais intensamente a beleza da fauna, da flora e daquela paisagem do cerrado brasileiro!

As vibrações musicais ecoavam dentro de mim dando-me profunda sensação de bem-estar e plenitude. Essa vibração interna fazia ampliar minha percepção da realidade, como se algo fosse acionado abrindo outros canais que estavam desligados.

Eu já não era um ser pensante e angustiado. Sentimentos de amor se expandiam à medida que minha sensibilidade se aguçava. Senti um profundo amor pelo Brasil e sabia que minha opção por aqui reencarnar era por nobres objetivos a realizar.

Paramos embaixo de um ipê florido – a árvore símbolo do Brasil. A luz solar enaltecia o azul intenso do céu, o amarelo-ouro das delicadas flores e o marrom do tronco áspero. Algumas flores desprendiam-se e, embaladas pelo vento, realizavam suave dança. Depois, tocavam o solo delicadamente. Era um lindo ritual de entrega!

O tapete amarelo, aos nossos pés, mostrava, mais uma vez, como tudo era transitório. Logo elas se decomporiam, oferecendo seus nutrientes para outros organismos, cumprindo todos os passos rigorosos das sábias leis naturais...

Continuamos caminhando.

***

Ao chegar à varanda da casa do sítio, comentei rapidamente com mamãe o que se passara comigo.

Sabia que em ocasião oportuna ela voltaria ao assunto comigo.

Começamos nossos trabalhos.

Colas, tintas, papéis, tesouras e restos de madeira ajudaram a completar as obras que criávamos. Bichos, flores, paisagens e arranjos de mesa saíam de nossas mãos, à medida que íamos dando asas à imaginação.

Era muito prazeroso estarmos envolvidos naquela proposta.

Momentos como estes nos davam, além da alegria, o prazer de deixar nossa sensibilidade artística aflorar.

Ao terminar, fizemos uma exposição. Depois daríamos um destino às peças.

***

Anoiteceu.

Sábado, vinte horas!

Novamente todos na varanda decorada por nós!

Momento do Evangelho no lar!

Após a prece inicial feita por vovó, tia Sônia leu um trecho de *O Evangelho Segundo o Espiritismo*, cap XIV. E o que mais me chamou atenção foi o seguinte:

Mas, para isso, é preciso não deter o olhar sobre a Terra e não ver senão uma única existência; é preciso se elevar, planar no infinito do passado e do futuro; então, a grande justiça de Deus se revela ao seu olhar, e esperais

com paciência, porque entendeis o que vos parecia mons-
truosidade na Terra; as feridas que nela recebeis não vos
parecem mais do que arranhões.

Nesse golpe de vista lançado sobre o conjunto, os
laços de família aparecem sob sua verdadeira luz; não
são laços frágeis da matéria reunindo os membros, mas
os laços duráveis do Espírito, que se perpetuam e se con-
solidam em se depurando, em lugar de se romperem pela
reencarnação.

A leitura prosseguiu e comentários se sucederam.

De repente, ouvi Mila fazer a seguinte pergunta:

— Se tudo desvanece, se transforma e se nada se fixa, o que permanece?

A resposta veio de imediato, por mamãe:

— Tudo o que vivenciamos permanece na nossa memória espiritual. Como por exemplo, a felicidade compartilhada neste momento estará armazenada dentro de cada um de nós para sempre.

Sabia que mamãe havia escolhido aquela lição para me ajudar. Como o próprio trecho do Evangelho recomendava, estava ela atenta aos meus anseios, procurando sinalizar-me o melhor possível.

As flores de ipê vieram à minha lembrança. A música também, e com ela o sentimento de plenitude e de amor.

Havia acionado minha memória espiritual. Aquele momento também se eternizaria.

As maritacas, o orvalho, o ipê e até os frutos secos mostraram-me, claramente, que além da Terra, da materialidade, existe algo que nos conecta ao infinito.

Percebi-me mais aliviada em relação ao medo da perda.

Todos nós estávamos passando transitoriamente pelo planeta.

Cada um com suas propostas.

Abracei mamãe. Ela cumpria tão bem o seu papel de educadora.

Algumas das minhas propostas reencarnatórias eu já sei.

E você já detectou as suas?

O TOQUE

Amar o próximo como a si mesmo.

O Evangelho Segundo o Espiritismo, Cap. XI

Em um fim de semana de setembro tivemos as visitas de D. Márcia, amiga de mamãe, e de seu filho Roberto. Ela estava tentando refazer a sua vida depois da separação. Seu casamento tinha sido uma grande decepção.

Roberto, sabíamos, estava andando com uma turma que se envolvia com drogas. Apesar de estudarmos na mesma escola, pouco contato tínhamos com ele. Portanto, logo que ele chegou ao sitio, não se sentiu à vontade.

Mostrava-se sério, mal-humorado e pouco comunicativo; nem sempre aceitava nossas propostas de lazer.

Percebia-se que preferia ficar só.

Com o passar do tempo, começou a participar das brincadeiras e, em uma de nossas conversas, fez a seguinte observação:

— Como vocês são felizes! Eu não!

E, mostrando no olhar sofrimento e revolta, falou bem baixo, como se dissesse apenas a si mesmo:

— Não aceito a separação de meus pais!

***

No domingo, levantamos bem cedo.

Como havíamos programado uma excursão ecológica por uma trilha na mata, lá fomos nós, adultos e crianças.

Como sempre, a natureza nos fornecia uma imensa variedade de seres e condições de vida e as observações se sucediam em conversa animada.

Para os assíduos freqüentadores da mata, não faltavam comentários como este, de Bia:

— Olhem o monjoleiro! Já deixou suas vagens secas caírem, forrando o chão!

Ao que Denise acrescentou:

— E as suas folhas novas estão bem viçosas!

— Em que época florescerá de novo? – perguntou Marília.

— Em fevereiro suas miúdas flores brancas deverão desabrochar – acrescentou papai.

— O pé de tamburi ainda não deixou cair todas as vagens e já está com uma bela folhagem! – falou tia Célia. – Lembram que em junho estava totalmente sem folhas?

Para minha surpresa, percebi que Roberto estava bastante curioso, pois fez o seguinte comentário, ao pegar uma vagem de tamburi do chão, dirigindo-se à Bia:

— Que interessante, esta vagem preta tem forma de orelha!

— É por isso que alguns chamam esta árvore de orelha de macaco - respondeu ela.

Naquele instante, Gabriela nos chamou. Estava diante de um arbusto com galhos secos, poucas folhas velhas e sem viço. Ela nos apontou para algo alongado, marrom, que não sabíamos se era fruto ou botão.

Nada convidava a ser admirado naquela planta. O que a atraíra?

— Olhem que lindo! Disse ela fazendo ligeira pressão sobre a estrutura alongada.

Para surpresa geral, o leve toque fez o botão abrir-se em cinco partes e mostrar uma flor de indescritível beleza: cinco pétalas suaves e brancas, qual tecido de organza, ornamentavam as dezenas de estames. Estes, por sua vez, formavam um colar , também branco, adornando o carpelo, parte feminina da flor.

Na parte central, o estigma sobressaía, acima das anteras. Ali o grão de pólen teria a porta de entrada para fecundar os óvulos. Ali reiniciaria a longa escalada da Lei Natural da perpetuação das espécies!

Quanta beleza! Quanta sabedoria!

Notei que Roberto se aproximou da flor, chegando a tocá-la e inalar seu perfume.

Algo também tocou sua sensibilidade, pois fez o seguinte comentário:

— Como um ser tão árido e sem atrativos, igual a este galho, pode produzir uma flor tão bela!

Denise, que se mostrava bastante atenta e preocupada com as dificuldades que Roberto estava atravessando, comentou:

— Pouco importa o que está por fora de nós! O que realmente importa é fazer desabrochar a beleza e o amor que estão dentro de nós.

Os olhos de Roberto ficaram úmidos.

Aqueles dias de convivência não proporcionaram apenas uma aproximação física de Roberto, mas conseguimos tocar o seu sofrido coração.

Ele reagiu às palavras de Denise, dizendo:

— Tenho passado muito tempo lamentando o meu problema familiar, procurando agredir a mim mesmo e andando com pessoas que só me levarão para sofrimento maior. Sinto-me bem com vocês! Não conseguia perceber que, apesar do enorme vazio que sinto pela falta do meu pai, muitas outras coisas na vida são importantes!

Principalmente os valores que estão dentro de mim! Valeu, amigos!

Sorriu e tocou nossas mãos, fazendo um gesto de comemoração.

Seu olhar mudou. Compartilhamos o seu bem-estar íntimo. Voltamos para casa. Já estava quase na hora de preparar o almoço.

***

Na escola, Roberto passou a nos procurar durante o intervalo das aulas e se tornou integrante da nossa turma no sítio.

Roberto foi tocado pela beleza da vida!

Como gostaria que tantos outros abrissem um espaço interior para serem tocados!

Como é bom o desabrochar para o Amor!

A CÂMARA ESCURA

Brilhe a vossa luz.
Mateus, 5:16

As chuvas intermitentes do mês de novembro abençoavam o solo e a vegetação agradecia mostrando o esplendor verde das folhas novas.

Mais uma vez nós estávamos reunidos no Sítio do Sábio Sabiá.

Aline, Bia, Denise e eu dormíamos sempre no quarto em que a janela dava para o nascente do sol.

Há algum tempo, havíamos percebido que, pela manhã, ao despertar, um círculo de luz, de mais ou menos 5 centímetros de diâmetro se projetava na parede, à nossa frente.

Essa luz, proveniente de uma pequena fresta na parte superior da janela, trazia um pouco de claridade ao quarto escuro.

No espaço entre a janela e a parede, o facho de luz fazia brilhar partículas suspensas no ar. Isso nos levava a agitar as cobertas para vermos os fragmentos se deslocarem mais rapidamente.

Naquela manhã, Bia, ao acordar preguiçosamente, fixou sua atenção na parede, como sempre fazia. Notou que algo estava diferente e chamou a nossa atenção:

— Olhem, o círculo não está tão luminoso e nítido como nos outros dias. Tem manchas dentro dele que estão mudando de forma!

— As manchas não estão somente dentro dele – acrescentou Denise. - Elas também aparecem à sua volta, movimentam-se e mudam de forma como as nuvens no céu.

— Você disse como as nuvens no céu?! – exclamou surpresa, Aline. – Prestem atenção! Parece que temos à nossa frente as imagens do Sol e das nuvens que estão lá fora!

Entreolhamo-nos admiradas, duvidando da interpretação de Aline. Teríamos a imagem do sol na parede do nosso quarto?

Denise, muito ágil, levantou-se da cama e saiu apressada, dizendo:

— Vou lá fora conferir!

Nós a seguimos, prontamente.

Para constatação geral, realmente o céu estava nublado e as nuvens tinham formas alongadas que encobriam parcialmente o Sol. Era a mesma imagem que vimos no quarto, mas invertida.

A euforia da descoberta foi muito grande. Saímos alvoroçadas anunciando a primeira novidade do dia:

— O Sol está dentro do nosso quarto! Venham ver!

Os meninos, que já estavam acordados, chegaram logo e ficaram surpresos. Os comentários e perguntas se sucediam. Como a imagem do Sol poderia estar estampada na parede?

Marcos, o mais velho da turma, foi quem começou a dar a explicação científica:

— Aprendi, na escola, que a luz caminha no espaço em linha reta. Alguns raios de luz que vêm do Sol e do ambiente de fora passam pela estreita fresta da janela, entram no quarto e, ao tocarem a parede que funciona como anteparo ou tela, são barrados, formando a imagem.

— Isto só é possível ver quando o quarto está totalmente escuro.

A voz do tio Fernando fez todos se voltarem. Ele também fora acordado pelo barulho, já estava por dentro da situação e continuou falando.

— A Física, na parte de Óptica, explica a "formação da imagem em câmara escura" e esse fato é responsável não só pela formação da imagem no fundo dos nossos olhos, como também pela construção de muitos instrumentos, por exemplo, a máquina fotográfica.

Nossos olhos brilhavam, mostrando avidez de conhecimento.

Os adultos, que foram chegando, um a um, e acomodando-se no quarto que se tornara pequeno para tanta gente, sabiam que nossa curiosidade não pararia por aí.

Vovó lembrou a todos que o café da manhã já estava na mesa com direito a bolo de fubá.

Tia Sônia, percebendo o interesse das crianças, propôs:

— Ainda não coloquei filme na minha máquina fotográfica. Depois do café, vocês poderão explorar e descobrir como funciona.

A máquina fotográfica ocupou boa parte das atividades da manhã.

***

O dia transcorreu feliz e descontraído.

Anoiteceu.

Após o jantar, o pessoal foi se acomodando na varanda. Por último, chegaram Marcos e Gabriela que estavam escalados para a arrumação da cozinha.

Eram vinte horas de sábado: horário do Evangelho no lar.

A brisa suave, o canto de alguns pássaros retardatários e o som, vindo de longe, produzido pelos grilos e sapos do brejo, levavam a um estado de quietude interior.

Durante a prece feita por Vovó Maria, uma profunda onda de bem-estar e alegria envolveu a todos. Tio José fez a leitura de um trecho do Evangelho e alguns comentários foram feitos, tantos pelas crianças como pelos adultos.

Vovô, alisando suavemente a barba, pôs-se a expressar seu pensamento.

— A descoberta desta manhã também chamou muito minha atenção. Há quanto tempo o sol entra naquele quarto escuro!... E nós não havíamos identificado sua presença!

Sua voz ficou mais grave e continuou:

— Há quantos milênios Deus colocou a semente de Seu Amor dentro de nós e ainda não percebemos a sua manifestação!

Todos sabiam que, de dentro dele, sairia um profundo ensinamento. As atenções ficaram mais aguçadas. Ele continuou:

— Quantas pessoas se sentem vazias, tristes, deprimidas, angustiadas, como se vivessem em profunda escuridão. Para fugirem do sofrimento, quantas se anestesiam no álcool, drogas, medicamentos e outros recursos que nada resolvem.

— Ah! – exclamou o sábio ancião – se tivessem olhos para ver o sol que brilha dentro de si, refletindo a Vontade Divina, afastariam as trevas do sofrimento.

— O que se pode entender por Vontade Divina? – perguntou Marcos.

— Colocar-se a serviço do amor, falou prontamente vovô. Movimentar todas as conquistas que já temos dentro de nós para beneficiarmos os outros. Deixar que os outros compartilhem de nossos tesouros interiores. Quanto mais benefícios espalhamos, mais brilha nossa luz interior e mais felizes nos sentimos.

A lição envolveu a todos, apesar de cada um ter seu modo diferente de entendimento.

***

O tempo e a vivência se incumbiriam de alicerçar aqueles conceitos.

Algo, porém, estava bem claro para todos:

A sublimidade daquele momento de amor se eternizaria em nossas almas! Era a luz interior de vovô iluminando a todos nós! Quanta riqueza! Riqueza que o mundo material jamais conseguirá suprir.

A PLANTA PARASITA

...os homens buscam a sociedade por instinto e devem todos concorrer para o progresso, ajudando-se mutuamente.

O Livro dos Espíritos,
Questão 767

As crianças esperavam ansiosamente as férias de dezembro para reunirem-se no Sítio do Sábio Sabiá. Logo que chegaram, todos os primos se mostravam alegres e cooperavam bastante com a ordem e arrumação da casa para não sobrecarregar vovó Maria. Com o passar dos dias, Rodrigo começou a relaxar, deixando de cumprir as suas poucas obrigações. Os protestos apareceram e o que no começo era só alegria, passou a ser motivo de desentendimentos.

Vamos deixar um pouco de lado esse fato e vou contar o que se passou em uma das habituais caminhadas pela estrada de terra.

A biodiversidade do cerrado brasileiro é incrível e aquele trecho da região nordeste do Estado de São Paulo ainda preserva um pouco da mata nativa.

Cada variedade de planta tem sua época do ano para exibir as flores e os frutos aos olhares atentos. Nossos comentários eram constantes sobre a forma, a cor, o perfume, a beleza e questionávamos muito sobre a utilidade das plantas.

Naquela manhã, Camila chamou a atenção do grupo, apontando para um galho cheio de flores alongadas e amarelas[1] que desabrochavam em cachos, dominando a paisagem no mês de dezembro, e comentou:

— Que interessante! Reparem que estas flores aparecem em um único galho da árvore!

Realmente, só um pequeno galho estava intensa-

(1) Cada botão de forma tubular, com 7 a 8 cm de comprimento e com meio centímetro de diâmetro, tem a extremidade fechada. Ao abrir apresenta 6 finíssimas pétalas que se enrolam e mostram 6 estames (parte masculina) e 1 estigma (extremidade do carpelo; parte feminina).

mente florido de amarelo e a maior parte da árvore, apenas com as folhas verdes.

— Vejam – disse André, apontando para a árvore –, os outros galhos, que não estão floridos, apresentam frutos marrons[2].

Sabíamos que as plantas apresentam primeiro flores e somente após a fecundação formarão os frutos, e, para que isso aconteça, demora certo tempo. Portanto, estranhamos a existência de frutos tão desenvolvidos e secos junto a flores recém-desabrochadas.

A curiosidade aguçada levou-nos a buscar mais dados para nossa investigação e Rodrigo foi o autor do próximo comentário:

— As folhas do ramo florido são ligeiramente maiores e mais juntas do que as folhas dos outros galhos!

— Venham ver o que descobri! – exclamou Aline, que havia se aproximado ainda mais do tronco. – Existe uma dilatação no ponto de ligação entre o ramo com flores amarelas e o galho que tem frutos marrons.

— Tudo indica que esta planta de flores amarelas esteja parasitando a outra – falou Denise. – Aprendi, com a professora D. Estela, que alguns pássaros transportam as sementes dos frutos que comem e depositam nos galhos de outras árvores, através das fezes ou ao limparem o bico.

— É mesmo! – confirmou Bia. – Este espessamento no caule é o ponto de ligação entre ambas, onde a

---

(2) Planta típica do cerrado, conhecida como barateira, apresenta frutos marrons, casca fibrosa, medindo em torno de 4 centímetro de comprimento.

semente da planta de flores amarelas germinou, retirando seiva da planta hospedeira, que é a árvore de frutos marrons.

— Se a planta parasita suga a seiva, o que acontece com a planta hospedeira? – perguntou o pequeno Artur.

— A planta parasita, isto é, a de flores amarelas, por ser verde e ter clorofila, faz fotossíntese e produz seu alimento – respondeu Aline. – Ela utiliza, porém, a seiva bruta, constituída por água e sais minerais que a planta hospedeira retira do solo.

— Ah! Agora estou me lembrando! – exclamei prontamente. – A planta parasita vai sugando água e sais minerais da planta com frutos marrons e a enfraquece cada vez mais. Quanto maior for a quantidade de parasitas, mais fraca fica a planta parasitada, podendo chegar à morte.

— Exatamente – confirmou Aline. – Também me recordo do que estudei na escola, mas nunca havia visto uma planta parasita ao vivo!

Descobertas como aquela nos deixavam extremamente eufóricos. Sempre que saíamos em excursões pelo sítio e seus arredores, desvendávamos algo especial da Obra Divina. Este sentimento de alegria e realização interior tomou conta de nós e foi com bastante entusiasmo que voltamos para casa, contando a todos a descoberta do dia.

O dia transcorreu sem maiores novidades. Brincamos muito.

***

Era Sábado. Vinte horas.

O pessoal já estava reunido para o Evangelho no Lar.

A prece inicial, feita pelo tio Marcos, nos envolveu num clima de paz.

Papai abriu o livro *Fonte Viva* e leu as seguintes palavras de Jesus:

— *O Filho do Homem não veio para ser servido, mas para servir* (Marcos, 10:45).

— O que quer dizer Filho do Homem? – perguntou Eduardo.

— É uma expressão que designa Jesus, muito usada nos textos sagrados. Mas, o que será que Jesus quis nos passar ao dizer que veio servir e não ser servido? Vamos continuar a leitura?

À medida que tio Marcos ia lendo, os comentários também se sucediam, como estes: tudo na natureza é cooperação e auxílio mútuo, como a cova que serve para abrigar a semente ou os rios que correm para o mar para depois tornarem nuvens e chuvas.

Entretanto, a lição ficou profundamente marcada quando tia Luíza observou:

— Quem se habitua a ser sempre servido, em todas as situações, não sabe agir sozinho em situação alguma.

Vovô, que estivera o tempo todo calado, ajeitou-se na cadeira, passou os dedos no queixo, atitude que sempre tomava para chamar nossa atenção, e pensativamente falou:

— Lembram-se da planta parasita? Ela suga a seiva da outra planta e se mostra muito bonita e viçosa, mas não consegue sobreviver sozinha.

Fez uma pausa e continuou:

— Quem aprende a servir, isto é, a fazer a sua parte, cresce, evolui, pois desenvolve suas potencialidades e sabe resolver todas as dificuldades, descobrindo novos caminhos.

Neste momento, veio-me à lembrança as atitudes de Rodrigo em relação aos deveres domésticos que havíamos assumido. Notei que ninguém dirigiu a ele sequer um olhar de recriminação.

Papai completou:

— Quem só exige o serviço dos outros e não se movimenta para satisfazer as suas próprias necessidades acaba se tornando escravo daqueles que o servem, ficando totalmente dependente dos outros.

Outros comentários foram feitos e a prece final, por Denise, nos conduziu a um profundo bem-estar.

***

Nos dias que se sucederam, não percebi em Rodrigo qualquer sinal de má vontade para desempenhar suas tarefas. Creio que a lição também o envolveu.

Nos momentos em que a preguiça quer tomar conta de mim, lembro-me das palavras de Emmanuel:

Se há mais alegria em dar que em receber, há mais felicidade em servir que em ser servido.

AS MARCAS DA CHUVA

*Bem-aventurados aqueles
que são brandos e pacíficos.*

O Evangelho Segundo o Espiritismo,
Cap. IX

Um leve chuvisqueiro, na noite anterior, acalmara os nossos ânimos, principalmente o meu.

Gustavo e eu havíamos discutido. Quase chegamos a brigar, porque ele implicava com todos e havia momentos em que tratava as pessoas com muita grosseria, acabando por causar um clima de irritação.

Estávamos em meados de setembro e desde junho não chovia.

Naquele período as vacas não estavam em lactação e vovô ia, ao nascer do dia, buscar o leite no sítio vizinho.

***

Pela manhã, acordei mais cedo e, com os chinelos nos pés, sem tomar a refeição matinal, fui com ele pelo caminho ainda poeirento, apesar do chuvisco.

Os veículos que passaram durante a noite deixaram as marcas dos pneus na parte central da estrada, formando interessantes desenhos. Nas laterais, como o arremate de um tapete, o solo ainda apresentava o alto relevo deixado pelos pingos da chuva da noite anterior.

Os chinelos incomodavam os meus passos. Não hesitei em tirá-los.

Ainda relembro a sensação agradável de meus pés sendo massageados pela terra fofa e afundando, suavemente, na poeira fina que passava entre os dedos. A brisa pura e fresca que nos envolvia penetrava nossos corpos, através dos pulmões, como sublime alimento.

O barulho do motor nos alertou sobre um carro que vinha em nossa direção.

Deixamos o centro da estrada e passamos a caminhar rente à cerca.

Ao pisar sobre as marcas deixadas pelos pingos da

chuva não se percebia a mesma sensação. Notei, em primeiro momento, uma ligeira aspereza. Somente quando o pé afundava, eu encontrava novamente a maciez da terra.

Chamei a atenção de vovô sobre a diferença de textura da terra que observara, entre o meio e a lateral da estrada.

Ele, sempre atento a tudo, me abraçou carinhosamente, olhou em meus olhos e falou de uma lição que jamais esqueci:

— Ah! minha neta, quanto aprendizado a vida oferece!

— Essa estrada – continuou – me faz lembrar as pessoas que, em nosso dia a dia, encontramos: umas mais meigas, suaves, pacientes e compreensivas, que com um sorriso conseguem se desembaraçar das situações mais desagradáveis. Por outro lado, outras existem, que até em pequenas dificuldades se mostram agressivas e intolerantes.

"Na verdade – prosseguiu – todas as pessoas foram criadas para serem harmoniosas, agradáveis e felizes. Assim como os veículos que passaram pela estrada modificaram a terra, deixando-a macia e com bonitos desenhos, as pessoas pelo processo da auto-educação podem fazer um trabalho dentro de si, deixando vir à superfície as virtudes que estão adormecidas em seu interior."

Vovô olhou-me com ternura, e perguntou:

— Letícia, como conviver com as pessoas que ainda trazem a rudeza no seu comportamento, assim como essa parte da estrada traz a aspereza das marcas dos pingos da chuva? E nós, também não temos o nosso lado áspero?

Lembrei-me de Gustavo e da nossa discussão do dia anterior. Se ele era intolerante e agressivo, eu também não o era menos!

Que descoberta importante aquela!

Comentei com vovô as minhas conclusões e acrescentei:

— O senhor falou em auto-educação. Como fazer desabrochar as virtudes que estão adormecidas dentro de mim?

— Já chegamos, Letícia. Voltaremos a falar sobre tudo isso mais tarde.

Abrimos a porteira do sítio do "seu" José e entramos.

Sabia que em outro momento vovô me orientaria.

A ORDENHA

Quantas dissensões e querelas funestas se teria podido evitar com mais moderação e menos suscetibilidade.

O Evangelho Segundo o Espiritismo, Cap. V

Chegamos ao curral do sítio do "seu" José.

As vacas eram bem mansas e se entregavam docilmente para serem ordenhadas.

Os movimentos ágeis das mãos de Lourenço, o retireiro, provocavam a saída do leite. O balde ia enchendo.

O bezerro branco e preto, amarrado às pernas dianteiras da vaca holandesa, esperava pacientemente o seu momento de mamar. Ele ali estava para estimular a saída do leite.

De vez em quando, Lourenço chamava a vaca pelo nome Brisa e passava suavemente as mãos alisando o seu úbere.

Vovô me explicou que a ordenha deve ser feita sem qualquer agressividade e que os animais precisam também de carinho.

Como eu gostava de andar entre eles!

Gostava de sentir o calor que saía do corpo dos animais e o próprio cheiro do curral me era agradável.

O latãozinho de leite já estava cheio e vovô me chamou. Que pena!

Despedimos do pessoal.

***

No caminho de volta, vovô comentou:

— Você observou o carinho com que Lourenço cuida dos animais?

— Sim e notei a confiança que eles depositam nele para serem cuidados!

— O que mais você percebeu em Lourenço?

— Ah! Ele deve ser uma pessoa bastante disciplinada, pois levanta bem cedo e demonstra ter muito amor pelo trabalho que faz.

— Será que tudo isso não responde um pouco à pergunta que você fez sobre auto-educação? - disse vovô.

Lembrei-me de nossa conversa, minutos antes, ainda a caminho do sítio do "seu" José.

Vovô fizera com que percebesse a minha parcela de responsabilidade na discussão que tivera, com meu irmão Gustavo, na noite anterior. Tentei relacionar a nossa conversa anterior com o fato de Lourenço ser carinhoso com a criação e respondi:

— Fazer com amor a parte que nos cumpre realizar...

— Ótimo, Letícia! – exclamou meu avô. – Você está percebendo uma das lições mais simples e mais sábias da vida: a disciplina com amor.

Fez uma pausa e continuou:

— Preste bem atenção em tudo o que aconteceu com você desde ontem até agora.

Fiquei pensativa, rememorando a discussão com meu irmão.

Vovô continuou:

— Após o seu atrito com Gustavo, você perdeu paz interior. Correta a minha dedução?

— Sim, vovô, eu realmente fiquei me sentindo muito mal.

— Pois bem, esse acontecimento lhe trouxe desconforto íntimo. Mas, depois do fato, sem o efeito das fortes emoções que desencadearam durante a discussão, você passou a refletir com discernimento a situação. Observando seu irmão Gustavo e analisando a si mesma, acabou tendo consciência de certas emoções e atitudes que, às vezes, brotam em você. Quais são elas, mesmo?

— Intolerância, raiva, agressividade... – respondi, séria.

— Pois bem, Letícia, na nossa condição de espíritos imperfeitos, é preciso, como nos diz Emmanuel[1] *"...reconhecer a condição de aprendiz, extraindo o proveito de cada experiência, sem escravizar-se"*.

As palavras de vovô penetravam em mim como uma energia que restaura, que refaz... Ele sabia de meus pontos frágeis e não colocava em suas palavras o tom da censura ou do julgamento condenatório, mas me posicionava como aprendiz, buscando a libertação interna. Com suavidade e firmeza, continuou.

— Isso é auto-conhecimento, minha neta. É através do que vivenciamos, de como nos relacionamos com os outros, que passamos a saber quem realmente somos, como reagimos e o que deve ser melhorado em nós. Depois, são necessários disciplina e amor para substituirmos o nosso lado áspero dos sentimentos inferiores pela maciez dos bons sentimentos.

— Sabe, vovô, estou achando um pouco complicado tudo isto. Quando Gustavo fica me provocando, como vou substituir a raiva e a revolta que sinto, por bons sentimentos?

Ele coçou o queixo, ficou pensativo e concluiu:

— No momento em que nossas emoções desen-

(1) *Caminho, Verdade e Vida*, psicografia de Francisco Cândido Xavier – Lição 132.

cadeiam, é muito difícil usar a razão, a ponderação e o bom senso. Procure, então, nas horas de calma, raciocinar sobre os motivos que o levam a estar sempre fazendo provocações; reflita se não é você mesma a causa de suas reações negativas; tente compreender os momentos difíceis que ele possa estar passando; busque dialogar com ele, em momentos sem tensões, irradiando bons sentimentos; faça orações por ele[2]. Tenho certeza de que ele não ficará insensível às suas vibrações e acabará tornando-se mais carinhoso com você, à medida que você se tornar mais carinhosa com ele. Desta forma, pode-se evitar o desencadear das emoções negativas.

Mais uma lição para ser refletida, pensei.

Mais uma vez vovô me enternecia.

Abracei-o, agradecida.

Ele correspondeu com carinho e acrescentou:

— Basta procurar sentir amor por tudo o que você faz, como nos demonstrou Lourenço, há pouco. Encha o coração de alegria e passe alegria aos outros. Encha o coração de boa vontade e colabore com os outros. Encha o coração de tolerância e compreenda os outros. Assim, o que no início é um esforço, passa a ser, com o tempo, um comportamento natural, conquistado por você.

Olhando-me com ternura concluiu:

— Guarde bem isto, Letícia: não há conquista maior do que vencermos os nossos limites pelo nosso

(2) Miranda, Manoel P, psicografia de Ffranco, D.P. – *Temas da Vida e da Morte: Pensamento e emoções* – Rio, RJ, Brasil, FEB, 1989.

próprio esforço!

Meu coração batia com alegria.

***

Chegamos ao nosso sítio.

Papai, mamãe e os outros nos esperavam para o café da manhã.

Abracei a todos, cumprimentando-os.

Mas... O abraço especial foi para meu irmão Gustavo.

Como era bom estar em paz!

Sabia que aqueles ensinamentos, que ainda eram novos para mim, jamais seriam esquecidos.

O GRANIZO

Porque todos devem colaborar nos desígnios da providência. Foi por isso que Deus lhes deu a necessidade de viver.

O Livro dos Espíritos,
Questão 703

A tarde morna e nublada daquele começo de outubro prometia chuva.

Alguns adultos buscavam o descanso em preguiçosas redes enquanto os pequenos se divertiam em brincadeiras ao redor da casa.

Passado algum tempo, trovões longínquos começaram a anunciar a chuva que não tardou a chegar, mansamente, de início.

Aos poucos, o volume de água foi aumentado e as crianças foram obrigadas a buscar a proteção da varanda.

Nossos olhos atentos se fixaram nos pingos que caíam cada vez mais grossos e que, no impacto com o solo, eram arremessados alguns centímetros acima.

Assemelhavam-se a múltiplas taças de cristal com as bordas repicadas e saltitantes que desapareciam imediatamente.

De repente, a voz de Fernando soou mais alto:

— Olhem! Estão caindo bolinhas brancas!

— É chuva de gelo! – falou admirado Leonardo.

Para a maior parte das crianças era a primeira vez que estavam observando o granizo, fenômeno que ocorre quando fortes ventos ascendentes levam as nuvens para regiões muito altas e frias da atmosfera transformando a água líquida em chuva de gelo.

A quantidade de granizo foi aumentando, gradativamente. Ao se chocarem com a grama pulavam como bolinhas de pingue-pongue.

Era um belo espetáculo.

Mas...

O vento, cada vez mais forte, trazendo para a varanda o gelo, a chuva e as folhas arrancadas das árvores, fez com que todos se abrigassem no interior da casa.

Lá dentro, o barulho do impacto das pedras de gelo com o telhado tornou-se assustador.

Olhares curiosos buscavam janelas e vitrôs para observar.

Os mais ousados queriam voltar lá fora para pegar gelo e experimentar se era igual ao da geladeira. Outros buscavam a proteção dos pais.

A sensação de medo, que o barulho e o vento forte ajudavam a aumentar, se misturava com a sensação do inusitado, do diferente, do querer conhecer...

O volume de pedras de gelo crescia mais e mais, cobrindo o solo.

Os próprios adultos já mostravam-se apreensivos.

Nada comentavam, mas dentro deles se perguntavam: o que mais poderia acontecer? Poderia a tempestade ser mais violenta ainda e provocar a destruição daquela casa que sempre fora aconchegante?

O vento, cada vez mais forte, começara a arrancar galhos de árvore e os arremessar para longe.

As pedras de gelo se chocavam com mais violência contra tudo o que encontravam pela frente.

Vovó Maria recolheu-se em seu quarto para orar pedindo a proteção de Deus.

O medo crescia, deixando para trás o espírito de aventura e dando lugar a um começo de pânico.

Tio José percebeu a necessidade de atenuar o sofrimento das crianças. Chamou e acomodou-nos na sala.

Depois, colocando-se no centro da roda e olhando calmamente para cada um de nós, pôs-se a falar:

— É natural termos medo quando nos sentimos ameaçados, e que busquemos a defesa do corpo e a proteção divina. O instinto de conservação, que se manifesta muito forte dentro de nós, existe em todos os seres vivos e faz parte das leis naturais da vida.

E continuou, pausadamente, dando ênfase às palavras:

— Acontece que, como Espíritos imortais que somos, qualquer fúria da natureza jamais destruirá a nossa verdadeira essência.

Aquelas palavras, que transportavam a segurança de quem confia, caíram suaves, como gotas balsâmicas sobre nossos corações aflitos.

— Realmente – comentou Leonardo, como se trouxesse do fundo de seu ser algo que estava momentaneamente esquecido –, se somos imortais, qualquer coisa que acontecer ao corpo ou aos bens materiais são prejuízos ou perdas passageiras.

Por coincidência, à medida que íamos nos asserenando, pela reflexão profundamente consoladora daquele diálogo, o barulho da tempestade também começou a atenuar.

— Como fomos esquecer disso! – exclamou Cassiane.

Explicou tio José:

— Quando o medo domina o raciocínio, temos dificuldade de enxergar mais longe o momento em que estamos vivenciando.

A pequena Marília, que até então estava calada e pensativa, perguntou:

— Por que Deus, que tudo pode, que tudo cria e que ama todas as suas criaturas, permite que aconteçam essas coisas ruins?

Vovó Maria, que já havia retornado de seu quarto e presenciara boa parte da conversa, explicou:

— Queridos netos, as grandes catástrofes como os terremotos, as enchentes e as tempestades, que provocam mortes e prejuízos a grande número de pessoas, plantas e animais, são dificuldades necessárias. Para enfrentá-las e não permitir que possam causar danos, o homem usa a inteligência e com isso progride.

— Agora me lembrei – falou apressado Leonardo. – Outro dia eu estava fazendo uma pesquisa sobre a previsão do tempo e, entre outras informações, li que o serviço de meteorologia pode prever os locais de formação de granizo. Como este causa muitos prejuízos à agricultura, já existem produtos que podem ser bombardeados nas nuvens para derreter o gelo.

— Também vi uma reportagem na TV – acrescentou animadamente Lucas –, que nos estados do sul do Brasil alguns agricultores cobrem todo o pomar de maçãs com enormes telas pois uma chuva de granizo poderia machucar os frutos e isto provocaria perda de qualidade na hora de comercialização.

— Como vocês estão percebendo – continuou tio

José –, estas e tantas outras tecnologias usadas pelo homem moderno têm sua origem na necessidade de superar obstáculos e isso o faz desenvolver sua inteligência!

— Temos ainda outro ponto de fundamental importância – acrescentou tia Célia. – Nos momentos de grandes flagelos as pessoas se tornam mais solidárias, menos egoístas, ajudando-se mutuamente e isso faz com que desenvolvam os bons sentimentos.

Fez-se uma breve pausa e tio José continuou:

— Precisamos olhar os acontecimentos além de nossa visão míope da vida. As experiências, que em um primeiro momento parecem injustas, na verdade têm por meta agitar o Espírito acomodado que somos para buscar desenvolver a inteligência e o amor.

***

Já não se ouvia o barulho da chuva...

Corremos, mais tranqüilos, para as janelas. O espírito de aventura tomou conta de nós e saímos para ver de perto como ficou o sítio.

A grande quantidade de gelo, a distância, lembrava neve. Modificara totalmente a paisagem.

O chão estava forrado de gelo, de folhas e dos pequeninos frutos verdes do abacateiro e do pessegueiro.

Cassiane fez o seguinte comentário para Leonardo:

— Se tivéssemos usado a moderna tecnologia, os frutos ainda estariam nas árvores, esperando a hora certa de cair!

Marília e Bia foram experimentar o sabor do gelo.

Não era diferente daquele produzido na geladeira.

Começaram a jogar as bolinhas de gelo para o alto, mas por pouco tempo. Suas mãos não suportaram a dor causada pelo frio.

Fernando e Denise encontraram alguns pássaros mortos no chão. Mas uma rolinha com a patinha ferida ainda vivia.

Gritaram pelas outras crianças. Todos corremos para ver.

Estávamos compadecidos pelo sofrimento da rolinha.

Bia se apressou em pegar a caixa de medicamentos.

Lucas enrolou uma gaze na perninha machucada e a prendeu com esparadrapo.

Marília envolveu o frágil corpinho em um pedaço de pano.

Denise providenciou uma caixa de papelão onde deitou a avezinha.

Cassiane colocou perto dela água e quirera.

O sol do entardecer tomou conta da paisagem. O cântico dos pássaros dava um toque especial, como se sublime sinfonia comemorasse o retorno da vida após a tempestade.

Você quer saber o que aconteceu com a rolinha?

Leia o próximo capítulo!

OS DESAFIOS

Há muitas moradas na casa de meu Pai.

O Evangelho Segundo o Espiritismo,
Cap. III

Já era domingo à tarde, dois dias após a tempestade de granizo.

Tínhamos que voltar para a cidade e a avezinha ferida precisava de cuidados. Todos queriam levá-la para casa, inclusive nosso amigo Lucas que morava na capital, São Paulo.

Laura, por sorteio com palitinhos, ficou incumbida da tarefa.

Fiquei muito impressionada ao ver o carinho que Lucas demonstrava para com o filhote. No retorno à cidade, veio-me à lembrança a primeira vez que esteve conosco.

No ano anterior, ele viera passar as férias de julho no sítio.

Chegamos à noite.

A escuridão imensa, pois a Lua, quarto minguante, só apareceria no céu de madrugada, e a ausência de nuvens, próprio dos dias de inverno, nos permitia ver as estrelas mais nitidamente. Estávamos pesquisando livros e revistas científicas para conhecer um pouco mais do universo, um pouco mais da magnífica Casa do Pai Celestial.

A constelação de Escorpião, que já identificávamos, estava na direção vertical, bem acima de nossas cabeças. Mais ao sul, localizamos a constelação Cruzeiro do Sul e, próximo a ela, facilmente vimos em destaque as estrelas Alfa e Beta Centauro.

Percebi que Lucas, sempre muito inquieto, não estava à vontade. Tinha medo do escuro, pois não se arriscava a explorar o ambiente.

Nos dias seguintes, mostrara embaraço em andar descalço. Creio que até então desconhecesse o gostoso contato da terra com as plantas dos pés ou com as mãos. Nunca vira uma galinha choca ciscar o solo, procurando alimento para seus pintinhos. Nem observara o céu, à noite, pois as luzes da cidade ofuscam a visão.

Lucas contou-nos que passava grande parte do dia em frente à televisão ou envolvido com os videogames, cujos desafios eram quase sempre matar, destruir para sair vencedor.

Ficou muito claro que aquele garoto da cidade grande conhecia um mundo muito artificial, muito distante da realidade que passaria a vivenciar conosco.

Mas, voltando ao céu de julho e às estrelas, isto é, na primeira vez em que Lucas foi ao sítio do Sábio Sabiá.

— Eu trouxe uma foto de uma lua de Júpiter que saiu nos jornais desta semana. Foi tirada pela sonda espacial Galileu – falou, entusiasmado, Artur.

— Eu vi esta foto na televisão – acrescentou Gabriela. – Tem uma lua com nome engraçado, que não me lembro…

— Chama-se Ganimedes – informou Artur.

— Alguém sabe localizar o planeta Júpiter, no céu? – perguntou Camila.

Nós nos entreolhamos.

Ninguém sabia.

— Que tal pesquisarmos nesta semana? – sugeriu Aline.

Foi o que fizemos.

***

Sabem o que aconteceu na semana seguinte?

Pouco antes das vinte e duas horas, munidos com a pequena luneta de Artur, estávamos todos a postos olhando o céu no lado leste, onde o sol nasce.

De repente, aparece no horizonte um corpo celeste bastante luminoso, maior que as outras estrelas. Ficamos emocionados. Era o planeta Júpiter!

Como era gratificante associarmos nossos estudos com a constatação dos fatos!

Laura fez um comentário.

— Aprendi nas aulas de evangelização que em Júpiter[1] moram Espíritos mais evoluídos do que na Terra. Como será a vida lá?

Nós nos entreolhamos. Ninguém sabia o que responder. Então comentei:

— Tenho a impressão de que teremos mais desafios a desvendar. Vamos pesquisar o assunto para a próxima semana?

Com o passar do tempo fomos identificando outras constelações, outros planetas e acompanhando os seus movimentos ao longo do ano.

Sabíamos que nossa sede de conhecimento jamais iria acabar, mas era muito prazeroso buscar as respostas para nossas indagações.

(1) Allan Kardec – *Revista Espírita*, outubro 1860.

Esta identificação, de forma consciente com a Natureza, além de nos fazer muito bem, pois pertencemos a ela, faz crescer, cada vez mais o amor a Deus, ao próximo e a nós mesmos!

Mas, voltando à nossa avezinha ferida, você quer saber o que aconteceu com ela, depois que Laura a levou para casa?

Leia o próximo capítulo!

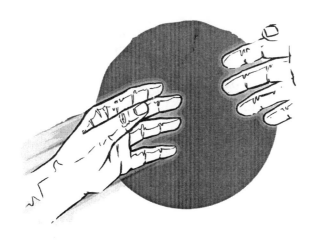

AS FORMIGAS

Buscai e achareis.
Mateus, *7:7*

O Evangelho Segundo o Espiritismo,
Cap. XXV

Laura chegou ao sítio toda feliz!

Desceu do carro carregando uma caixa. Dentro, a rolinha, que recebeu o nome de Tiquinha, se agitava. Corremos ver.

André pegou-a com cuidado e colocou sobre a

mesa da varanda. Ela começou a ensaiar alguns vôos e em pouco tempo partiu. Nossos olhos brilhavam de contentamento! Batemos palmas para a grande vitória.

Mas, para Fernando, que estava calado, a alegria não o contagiou.

A impressão era de que uma grande tempestade havia varrido sua vida.

A reprovação, naquele ano escolar, o havia surpreendido. Não era um aluno muito aplicado, mas os estudos de última hora sempre o haviam salvo. Desta vez, porém, foi diferente. Por mais que se esforçasse, o tempo não foi suficiente.

Estava muito mal consigo mesmo.

Um grande aperto abafava seu peito.

Enfrentara a tristeza dos pais ao revelar-lhes a notícia.

Teria que refazer a 6ª série e separar-se dos companheiros de classe que há tanto tempo estudavam juntos.

Uma sensação de derrota e incompetência tomava conta dele. Como estava difícil lidar com aquela situação!

***

No sábado, posterior a esse acontecimento, já no sítio, as crianças saíram para as habituais excursões de exploração dos arredores.

Em determinado trecho, logo à frente delas, encontraram formigas passando de um lado para outro do caminho.

Pararam para observar.

As formigas caminhavam, uma atrás da outra, atravessando a estrada arenosa. Algumas iam em um sentido e outras faziam o percurso inverso. Ao se encontrarem, elas se tocavam e continuavam caminhando. As sucessivas passagens pelo mesmo caminho marcaram o solo com ligeiro sulco.

Por que as formigas se tocavam? Por que faziam a mesma trajetória? Para onde iam? O que buscavam?

Essas perguntas e outras saíram com facilidade de nossas cabeças, quase que ao mesmo tempo.

Eduardo, para provocar alguma reação daqueles insetos, passou o pé, afundando o solo, no sentido perpendicular ao da trilha feita pelas formigas. O sulco produzido teria uns quarenta centímetros de comprimento por três ou quatro centímetros de profundidade. Não era grande, mas foi o suficiente para provocar o maior tumulto na vida das nossas formigas.

Diante da depressão, elas paravam e voltavam, refazendo o percurso anterior. Não conseguiam ultrapassar o obstáculo. Isto acontecia dos dois lados, de tal modo que as formigas de um lado da estrada não se comunicavam com as do outro lado.

Nós olhávamos atentos e curiosos.

— Como será que elas vão resolver esta situação? – perguntou Camila.

Ficamos aguardando.

Passado certo tempo, já não paravam e voltavam

logo. Elas chegavam, percorriam um pequeno trecho lateral da parte externa do sulco e depois voltavam.

Após, foram explorando espaços cada vez maiores da beirada do sulco, antes de retornar.

Mais alguns minutos e atingiram a extremidade do obstáculo.

Neste ponto, as formigas dos dois lados se encontraram e ao se tocarem, para surpresa nossa, em vez de voltarem passaram a seguir em frente. Elas continuaram a monótona caminhada, contornando a depressão feita por Eduardo. Conseguiram, assim, passar de um lado para outro da estrada.

— Que interessante! – exclamou Gabriela. – Diante da dificuldade, elas encontraram uma solução, isto é, um novo caminho desbravado com tanta persistência! Gostaria de saber mais sobre elas. Será que elas têm inteligência?

A pergunta ficou no ar.

— Muitas das nossas curiosidades de hoje estão sem respostas comentou André.

— É mesmo – acrescentou Fernando. – Muitos pesquisadores já devem tê-las encontrado.

— Que tal buscarmos as respostas na biblioteca? – sugeriu Laura.

Todos concordaram.

Seria o desafio da semana.

Você também não quer saber mais sobre as formigas? Então, vamos buscar respostas nos livros?

***

Ah! Preciso contar-lhe algo muito importante sobre meu primo Fernando.

Preste atenção!

Ele me contou que, ao deitar, naquela noite, seus pensamentos o levaram a fazer profundas reflexões.

A aventura daquele dia lhe fizera muito bem.

Precisava tomar algumas resoluções.

Como resolveria o desafio da má vontade, ou melhor, da sua indisciplina interior em relação aos estudos? Sabia que o estudo era fundamental na sua vida. O próprio episódio das formigas deixou bem claro que dentro de nós existe um impulso que nos leva a buscar respostas. O ser humano tem sede de conhecimento.

A indisciplina e a irresponsabilidade o levaram à dor.

A persistência das formigas as levara ao sucesso.

Por fim, concluiu que os sofrimentos daqueles dias tiveram um fim nobre: fizeram com que repensasse sobre sua vida e se propusesse a mudanças.

Aprendera que as dificuldades e os sofrimentos existem para que, na busca de soluções, o nosso espírito possa crescer, possa evoluir.

No próximo ano começaria a estudar bastante desde o início! Teria, diariamente, um horário especial para as tarefas de casa.

Uma sensação de bem-estar invadiu o seu ser. A esperança de vencer a si mesmo trouxe alegria e paz.

Fez uma prece, pedindo forças para que seu propósito se concretizasse, e dormiu serenamente.

O COPO PLÁSTICO

Amar ao próximo como a si mesmo:
fazer para os outros o que quereríamos
que os outros fizessem por nós.

O Evangelho Segundo o Espiritismo, Cap. XI

    A antena parabólica nos conectava com o mundo.
    Naquela noite, o céu que eu tanto amava não trazia boas notícias: a enchente no Rio de Janeiro causava sérios transtornos à população.

A televisão mostrava um amontoado de plásticos sendo levados pela enxurrada, entupindo um bueiro, e pessoas perdendo seus pertences, correndo risco de vida.

De repente minha atenção saiu da telinha e fixou-se na mesa ao lado.

Um copo plástico descartável, que acabara de ser usado, começou a tomar conta da minha imaginação.

Fui diminuindo; diminuindo, entrei nele, ou melhor: eu era ele, o copo plástico.

Para onde iria?

Primeira parada:

Recipiente de lixo na cozinha. Estada por uma noite.

Segunda parada:

No dia seguinte, bem cedo, fui levado, junto com restos de alimento, para o aterro sanitário do sítio.

Mais tarde, percebi as mãos fortes do caseiro Sr. Dorival enchendo pás de terra e me cobrindo.

O tempo foi passando.

Meus companheiros, os restos de alimentos, começaram a perder seu aspecto natural. Aquela matéria orgânica estava se transformando em rico adubo. Bactérias e fungos alegremente se incumbiam de realizar esta nobre tarefa.

Eu continuava intato. Os microrganismos não me identificavam, não me atingiam. Eu não era biodegradável.

Minha impermeabilidade isolava a parte de cima do solo da parte de baixo.

Meu senso de observação foi apurando. Outros

plásticos, próximos, passavam pela mesma experiência. Não estava só.

Uma pequena agitação atingiu o copo plástico do andar superior. Algo o pressionava fazendo-o realizar pequenos movimentos. Fui informado de que, sobre ele, um caroço de manga, em plena vitalidade e encontrando ótimas condições de umidade e calor, começara a brotar.

A radícula jovem da semente buscava espaço para crescer. Encontrou a barreira do primeiro copo. Tentou pela lateral – isto me lembrou jogo de futebol – e encontrou o obstáculo de outro plástico. Insistiu pela esquerda: outra barreira.

Teimosamente, a gêmula, com suas duas tenras folhas, começou a cabecear a terra tentando subir. Tinha ânsia de vida. Buscava avidamente a luz solar. Precisava dos nutrientes retirados do solo pela raiz. Como a raiz estava sufocada pelos plásticos, não pôde atender aos apelos das frágeis folhas.

A jovem planta, não suportando as dificuldades, morreu!

Fiquei muito triste. Eu também contribuíra para o seu fim.

Voltei ao sofá e à televisão. Um profundo sentimento de culpa me invadiu e um aperto no peito me causava mal-estar.

Despertou dentro de mim uma nova conscientização sobre a destinação do lixo.

Tanto eu, que me desfazia de produtos descartáveis,

como aquelas pessoas que jogaram o lixo nas ruas, não tínhamos a intenção de colher tão amarga conseqüência de nossos atos. O que faltou a elas? O que faltava a mim? O que fazer com o lixo não biodegradável?

O fato de se colocar o lixo em aterros sanitários, apenas transfere o problema para outro local.

Será que estamos sendo devidamente responsáveis pela vida no planeta Terra?

Não seria melhor reduzir o consumo de embalagens dos produtos que adquirimos? Por que não comprar apenas o que podemos reutilizar e deixar para reciclar só o estritamente necessário?

Saí para olhar o céu. Sabia que minha pequenina espaçonave Terra, conduzida pelo sol, dançava a sinfonia das estrelas.

Uma sensação de desconforto abafava o meu peito e me perguntei:

— Por que aqui ainda não existe a paz que se vê no céu estrelado?

Encontrei papai e vovô conversando na varanda. Passei meus questionamentos a eles.

Vovô disse que já estava muito preocupado com o lixo excessivo que trazíamos da cidade, como latas, vidros e plásticos.

***

No sábado seguinte, durante o Evangelho no Lar, foi lido e discutido o trecho do Evangelho[1] que nos coloca como usufrutuários dos bens divinos, responsáveis pelo uso e administração de tudo aquilo que Deus nos empresta durante a encarnação.

Após prece, onde André colocou profundo sentimento de amor, continuamos reunidos.

Vovó serviu um pudim e passamos a discutir sobre o lixo do sítio.

Adultos, jovens e crianças colocaram seus conhecimentos e pontos de vista. No final, de comum acordo, montamos um conjunto de normas a serem seguidas por todos.

Em primeiro lugar, daríamos preferência aos alimentos colhidos no sítio, sem agrotóxicos, ajudando a cultivá-los. Os restos dos alimentos continuariam indo para a compostagem, para virar adubo orgânico.

Depois, comprometemo-nos a diminuir o consumo de embalagens e objetos descartáveis, dando preferência ao que pudesse ser reutilizado como, por exemplo, copos de vidro, pratos de louça, etc.

Finalmente, concluímos que, caso fosse necessário descartar alguma embalagem, ela seria levada para ser reciclada, em local adequado, por quem a adquiriu.

***

(1) Allan Kardec – *O Evangelho Segundo o Espiritismo*, Cap. XVI.

Os dias se passaram, e o pessoal, envolvido na proposta, começou a mudar os hábitos, não só no sítio, como na cidade.

Passei a sentir-me menos aflita com minha relação com o planeta Terra, mas sabia que muito mais poderia e deveria ser feito.

E você, já pensou em tudo isso?

O MILHARAL

*. . . não estejais inquietos pelo dia de amanhã,
porque o dia de amanhã cuidará de si mesmo.
A cada dia basta o seu mal.*
Mateus, 6:34

O Evangelho Segundo o Espiritismo,
Cap. XXV

Naquele domingo, percebi que não me entregava descontraída às brincadeiras.

Vinham sempre ao meu pensamento as provas que iria fazer na segunda-feira.

Não havia estudado o suficiente.

A impaciência e a ansiedade tomavam conta de mim, de tal forma que várias pessoas perceberam, inclusive a vovó Maria, que estava envolvida com meus pais e minhas tias e tios, fazendo pamonhas com o milho colhido no sítio.

Parei para observar.

Um grande tacho com água fervendo estava sobre o fogão à lenha. As espigas de milho já haviam sido debulhadas e raladas no enorme ralador que vovô fizera, especialmente para ocasiões como esta, em que a família se reunia para longas conversas e brincadeiras.

Tia Luíza, com grande habilidade, enrolava as palhas do milho, dobrando as extremidades e dando a elas uma forma cilíndrica. Com uma concha ia despejando o suculento caldo já temperado com açúcar e manteiga.

Tia Sônia, utilizando outra palha, envolvia cada pamonha, fechando a parte superior e, posteriormente, a amarrava no meio com uma tira da própria palha. As trouxinhas, já prontas, iam sendo despejadas no tacho fervente.

Apesar desta operação ser muito trabalhosa não cansava. Muito pelo contrário, eram momentos inesquecíveis de confraternização.

***

Quando as últimas pamonhas estavam sendo preparadas, decidiram fazer um bolo de milho.

Vovó se dirigiu a mim:

— Letícia, vamos até ao milharal apanhar mais algumas espigas?

Concordei. Pegamos uma sacola e saímos.

— O que está acontecendo com você? – perguntou ela, pegando em minha mão.

Era o momento de desabafar! Então, comecei a falar:

— Ando muito preocupada com as provas. Parece que não vou conseguir fazer tudo o que preciso... Começo a fazer as coisas e logo paro... Não consigo me concentrar. Mesmo durante as aulas eu me distraio muito com conversas e algumas brincadeiras...

Vovó ouvia-me atentamente.

Pensou um pouco e falou, enquanto caminhávamos:

— Você está muito ansiosa e a ansiedade, em demasia, é prejudicial à nossa saúde física, emocional e espiritual.

Ansiedade! Então era isto que estava sentindo?!

Chegamos logo ao milharal, pois era bem perto da casa.

Nos pés de milho, ainda verdes e viçosos, havia muitas espigas com a cabeleira marrom escura, não seca, indicando que estavam mais atrasadas e não poderiam ser apanhadas para fazer o bolo. Precisavam de algum tempo para amadurecer mais.

Começamos a escolher aquelas que apresentavam a cabeleira mais seca.

— Você se lembra de como era isto aqui há três meses? – perguntou vovó, apanhando algumas espigas.

— Sim, a terra estava arada e adubada. Foi quando vovô fez o plantio das sementes de milho.

— E depois?

À medida que ia ajudando a colher as espigas, veio-me à lembrança todo o processo de desenvolvimento do milharal, que acompanháramos, passo a passo.

Comecei a descrevê-lo para vovó, desde a germinação das sementes, na primeira semana, até o crescimento das plantas, o aparecimento dos pendões e das espigas. Falei também sobre nossa expectativa, esperando o amadurecimento delas.

Quando parei de falar, notei vovó olhando-me com ternura e me abraçou.

Senti segurança. Ela estava inteiramente presente, de corpo e alma, zelando por mim.

Suas palavras confirmaram:

— Sabe, Letícia, como você presenciou, cada pé de milho passou por fases sucessivas de desenvolvimento para amadurecer. Cumpriu etapas, uma após outra, sem pular nenhuma ou trocar a época. Assim é nossa vida. Devemos programá-la e fazer cada coisa a seu tempo. Cada parte do dia deve ser reservada para determinadas atividades. A hora do estudo não deve ser misturada com brincadeiras, assim como o tempo do lazer deve ser respeitado. Quando misturamos tudo, nada sai bem feito e o resultado é a frustração. Quando queremos fazer várias coisas ao mesmo tempo, ficamos ansiosos, e a ansiedade excessiva nos torna infelizes.

Entendia bem o que vovó queria dizer: fazer uma coisa de cada vez e na hora adequada; brincadeiras não combinam com concentração nos estudos.

Suas palavras caíam em minha alma como uma suave luz a clarear a minha dificuldade, pois além de falarem ao meu raciocínio, vinham recheadas de amor.

Passei a me sentir mais leve. Uma onda de bem-estar percorreu o meu corpo.

Pareceu-me que um grande peso tinha sido retirado de dentro de mim.

A sacola já estava cheia e voltamos, a passos lentos, para casa.

O sol parecia brilhar mais intensamente. Ou era eu quem estava enxergando mais claro?!

Fizemos o percurso caladas.

Isso foi bom, pois fui, mentalmente, amadurecendo aquela lição. Sabia que se organizasse melhor o meu dia, se ficasse mais atenta às aulas, meu rendimento escolar iria melhorar. Sobretudo, não precisaria ficar tão preocupada com uma prova em pleno domingo, dia destinado ao descanso e lazer!

Chegamos.

As primeiras pamonhas já estavam prontas.

Peguei uma nas mãos. Também ela havia passado pacientemente por sucessivas etapas.

Experimentei.

Estava deliciosa!

ÁGUAS QUE PASSAM

É a vida do Espírito que é eterna; a do corpo é transitória, passageira.

O Livro dos Espíritos, Questão 153

O entardecer se revestia de uma beleza especial.

A luz dourada do pôr-do-sol tocava a vegetação fazendo-a irradiar um brilho intenso.

O céu azul de momentos antes começava a mudar sua cor para tons de rosa e laranja.

Sentados na relva verde do jardim, crianças e adultos conversavam ouvindo o murmurar da pequenina queda-d'água. O filete de água que a formava, originava-se a poucas centenas de metros, em uma mina dentro da área do sítio.

Nossa bisavó estava, a certa distância, podando algumas plantas.

Observávamos os seus gestos já não tão ágeis como outrora.

Mamãe, que a olhava com ternura e admiração, comentou:

— Vovó Lúcia já não é a mesma! Apesar de estar sempre fazendo alguma coisa, sente o peso de seus oitenta e cinco anos.

Tia Sônia acrescentou:

— Várias vezes ela tem me falado que tem medo dos próximos anos, pois percebe o enfraquecimento de suas forças físicas e não gostaria de perder a lucidez de raciocínio.

— Ela já deixou bem claro que seria muito constrangedor depender da ajuda dos outros – completou tio José.

A conversa me interessou e logo fui colocando para fora algo que me intrigava:

— Não concordo com a velhice. Por que as pessoas precisam ficar fracas e dependentes depois de tantos anos de vida auto-suficiente?

— Isso faz parte de uma lei natural – falou tio José.

— Ah! Mas é muito difícil aceitar.

Tio Fernando, que acompanhava serenamente os movimentos da pequena queda-d'água, acomodou-se na cadeira e fez as seguintes considerações:

— Esta água estava, há algum tempo atrás, dentro da terra, fazendo parte do lençol de água. Ao brotar na mina, começou a percorrer seu caminho de descida e poderá atingir o mar.

Ele fez uma pausa e, levantando rapidamente da cadeira, disse:

— Aguardem um momento que eu vou buscar um mapa.

Quando voltou, rodeamos a mesa onde ele colocou o mapa da região nordeste do Estado de São Paulo e outro da América do Sul.

— Vamos imaginar uma molécula de água que esteja passando perto de nós agora. Para onde ela irá? – perguntou.

— Para o riacho que passa na divisa do sítio e depois desaguará no córrego Pinheirinho. Já andei por lá – respondeu Artur.

— Pois bem, olhem aqui o ribeirão do Pinheirinho – disse Tio Fernando, apontando o mapa.

Nossos olhos curiosos começaram a acompanhar o caminho da molécula de água no mapa, tentado associar a geografia da paisagem com o que estava no papel.

— Depois de percorrer o ribeirão do Pinheirinho – continuou — , ela escoará no rio Sapucaí-Mirim. Após, atingirá o rio Sapucaí que se liga ao rio Grande. Depois, seguirá pelo rio Paraná e chegará ao rio Paraguai. Finalmente nossa partícula de água atingirá o oceano Atlântico!

— Mas ela percorre mesmo toda esta distância? – perguntou, admirada, Luciana.

— Sim – respondeu tio Fernando –, e tem mais uma coisa importante: como estamos a oitocentos metros de altitude e o oceano Atlântico está a zero metro...

— Entendi – interrompeu Luciana –, esta água vai descer oitocentos metros ao longo de seu percurso!

— Mas, oitocentos metros, é muita altura! – falou, admirada, Gabriela.

— Acontece que a água vai perdendo altura lentamente, ao longo das centenas de quilômetros que percorre – comentou Rafael.

— É mesmo! E quantas coisas se passam ao seu redor, quantas paisagens diferentes ela presencia! – acrescentou Marcos.

— Assim pode ser comparada a nossa vida – acrescentou tio Fernando. – Quando nascemos, trazemos a nossa programação reencarnatória a ser vivenciada em um determinado número de anos. À medida que o tempo passa, o nosso tempo de permanência como encarnado vai diminuindo.

Eduardo, que estava muito atento, interrompeu:

— É como se nós estivéssemos perdendo altitude.

— Exatamente – confirmou tio Fernando. – Da mesma forma que a força de gravidade leva a água a perder altitude, passando por lugares diferentes, as sábias leis que regem a reencarnação nos leva a experiências de crescimento...

— Até morrer ou até acabar no mar como a molécula de água – respondi firme, deixando muito bem clara a minha inconformação com a morte.

— Engano seu! – falou emocionado tio Fernando. – Na descida a molécula de água segue um percurso estreito, mesmo passando por rios caudalosos. Mas ao atingir o mar, que imensidão! Que grandeza! Nós, como encarnados, temos uma visão bastante estreita da vida, mas ao desencarnar a nossa percepção tende a dilatar-se e podemos vislumbrar um imenso horizonte.

Meu pai quebrou o silêncio que se fez:

— A velhice não é o fim. É apenas uma etapa das nossas múltiplas existências. Quando o fluido vital se escoa, o corpo não consegue sustentar a vida. O Espírito se desprende e se expande no plano espiritual, onde passa por experiências de aprendizado, faz novos planos de reencarnação e renasce com novas propostas de vida.

Vovó acrescentou:

— Com a idade, as forças físicas diminuem, mas as experiências vivenciadas dão mais espaço para reflexões. Grandes estadistas, compositores, escritores e artistas tiveram suas melhores obras nesta fase da vida!

Tio Fernando completou:

— Há pessoas que, não tendo a visão da imortalidade e não tendo a certeza do aprendizado eterno como lei da evolução, acabam por fazer da velhice amargos anos de tristeza e azedume. Sentem-se inúteis e esquecem de continuar crescendo, abafando a busca de novos desafios.

A pequenina queda-d'água murmurava suave música ao mesmo tempo que nos embalava com a dança da tranqüilidade.

O silêncio levava-me a meditar sobre tudo o que estávamos conversando.

Naquele momento, passei a entender melhor a velhice e a imensa oportunidade de aprendizado que ela encerra. Se a bisavó Lúcia viesse a depender dos nossos cuidados seria uma experiência de humildade e aceitação por parte dela e a todos uma sublime oportunidade de servir.

Um profundo treino para o amor!

O TIZIU

*No seu início, o homem não tem senão instintos;
mais avançado e corrompido, só tem sensações;
mais instruído e purificado, tem sentimentos;
e o ponto delicado do sentimento é o amor.*

O Evangelho Segundo o Espiritismo,
Cap. XI

Noite de lua cheia.
Sentamo-nos no jardim do sítio, fazendo uma roda de música e conversa.

Denise e Eduardo no violão dedilhavam canções conhecidas e acompanhávamos cantando.

Momentos como aquele eram freqüentes; os sons melodiosos alimentavam nossa sensibilidade, expressando a beleza e a alegria da vida.

Em um dos intervalos, tia Amélia serviu seus gostosos docinhos e perguntou:

— Por que seus pais não vieram, Patrícia?

— Sabe, D. Amélia, mamãe não gosta de deixar a casa sozinha porque tem medo de que seja assaltada.

Senti uma nuvem cobrir a limpidez daquele momento...

A violência nas cidades...

— Por que as criaturas se machucam tanto? – questionava para mim mesma, quando o som do violão me tirou das reflexões.

Voltamos às músicas e fomos dormir mais tarde, naquele sábado.

No dia seguinte, saí com papai para buscar algumas ferramentas no sítio vizinho.

O sol da manhã acariciava nossos rostos.

Pássaros e insetos brindavam nossos espíritos com suaves melodias. Era, realmente, uma sublime saudação da natureza!

Momentos como aquele traziam plenitude, levando-nos a um bem-estar profundo.

Logo à nossa frente, um pequenino pássaro preto estava na extremidade de uma estaca da cerca.

Saltava, abria as asas e, ao voltar a pousar na estaca, produzia um som agudo semelhante a "tiziu".

Fazia isso mostrando as penas claras debaixo das asas, a repetir, incessante, "tiziu"...

Seus movimentos e sons ritmados chamaram nossa atenção.

Comentei:

— Parece que ele que dizer: "Olhem, estou aqui".

— Esse pássaro tem um comportamento interessante – comentou papai. – Não sei por que faz assim, mas parece que está chamando atenção sobre si mesmo... E tem o nome de tiziu, justamente pelo tipo de som que emite.

Fizemos uma pausa e foi papai quem quebrou o silêncio:

— Ah! O tiziu me fez lembrar da conversa de ontem à noite, quando Patrícia explicou o motivo da ausência dos pais... A violência tem crescido muito entre os jovens. Interpreto esse comportamento como se os jovens estivessem gritando, como se estivessem chamando a atenção do mundo. Vejo como um profundo pedido por socorro.

— Observe, minha filha – prosseguiu papai – na vida atual, geramos a competição e o consumismo onde somos, simultaneamente, algozes e vítimas. Somos ameaçados em nosso bem-estar, mas também ameaçamos o bem-estar dos outros. A violência tira nosso sossego, mas o nosso egoísmo não permite uma melhor distribuição dos bens da Terra. Quantas criaturas não têm acesso a uma vida digna, nem materialmente falando e nem afetivamente!

Papai calou-se por um instante, como a esperar que entendesse suas palavras. Então comentei:

— O senhor quer dizer que pela competição um quer ter mais que o outro, ou ser mais do que o outro e, nessa briga, muitos ficam sem nada?

— Isso mesmo! Em vez da competição, deveria haver a solidariedade, isto é, todos se unindo, somando conhecimentos e proporcionando oportunidades a todos; resolvendo juntos os problemas, com diálogo, sem opressão, sem excluir um ser humano sequer do banquete da vida!

Inclinei a cabeça para baixo em sinal afirmativo e ele continuou:

— Como conseqüência da competição e do consumismo, atraímos a ansiedade, o medo, a insegurança e a depressão, que geram uma sensação persistente de desamparo, de fracasso pessoal. Isso dói no coração dos adultos, dos jovens e até das crianças!

— Parece que o avanço da ciência e da tecnologia não nos fez felizes, não é mesmo, papai?

— Exatamente! exclamou ele. - Para se sentir melhor, muitos buscam os excessos sexuais, a agressividade, o cigarro, o álcool, as drogas, a glutonaria. Buscam continuamente novidades, excitação, poder e prestígio para compensar todo mal-estar que os consome.

— Outro dia, meu professor de História comentou que a busca da droga, entre os jovens, tem aumentado, por três motivos: o primeiro, para fugir das dores internas, pois, por momentos, ela traz bem-estar; o segundo, por curiosidade, e o terceiro, como forma de conseguir dinheiro para a própria subsistência, principalmente nas classes mais pobres, onde a criança é envolvida desde cedo no tráfico.

— Que bom que a Escola se propõe a esclarecer crianças e adolescentes! – comentou meu pai. Depois ficou em silêncio por alguns momentos e acresceu:

— Letícia, nós somos usufrutuários dos bens divinos, isto é, nada no planeta nos pertence. Deus nos empresta temporariamente para fazermos o uso correto, enquanto estivermos passando por aqui no breve período da reencarnação. Até o nosso corpo físico devolvemos ao planeta em nosso desencarne.

— E por que será que se briga tanto para ter coisas que, com a morte, serão deixadas aqui na Terra, voltando para o mundo espiritual de mãos vazias? - perguntei, indignada.

— É uma boa pergunta! E a resposta está na visão míope que se tem da nossa verdadeira dimensão. Somos Espíritos eternos e em evolução; e, como esquecemos nossa verdadeira essência, procuramos preencher os vazios internos com coisas externas, quer materiais, quer pelo poder, quer pelas sensações, quer pelas drogas.

Estávamos próximos da entrada do sítio do "seu" João.

— Papai, nós conversamos tanto sobre a violência e não esgotamos o assunto.

— É verdade, Letícia; e guarde bem esta lição: enquanto não houver profundas mudanças nos valores morais, vai ser difícil a pacificação da Humanidade. Precisamos aprender a sermos mais solidários, não só no desapego dos bens materiais, como abrir espaço em nossos corações para que crianças e os jovens sejam ouvidos e auxiliados em suas propostas de vida.

Ele parou para abrir a porteira, olhou-me fixamente e concluiu, sabiamente:

— Como você já aprendeu, a violência que está dentro de cada um de nós só será removida através do auto conhecimento e de exercícios no bem.

Os latidos do Rex anunciavam a nossa presença.

"Seu" João veio ao nosso encontro, sorridente.

Após o cumprimento, conduziu-nos até sua casa e já foi logo dando as notícias sobre a proposta de uma cooperativa que estavam querendo instalar na região. Somariam os poucos recursos de cada um dos sitiantes para melhorar a produtividade.

Enquanto entrou em casa para pegar as ferramentas que fôramos pedir emprestadas, D. Regina nos serviu café com bolo de fubá.

Ficamos conversando animadamente.

Há muito eu já notara que entre aquelas pessoas de vida modesta havia muita solidariedade. Os vizinhos se socorriam em qualquer dificuldade.

Não estaria ali, numa vida bem simples materialmente, mas rica em valores espirituais, o segredo de um
mundo melhor?

Naquela noite, ao deitar, agradeci a Deus por ter um
lar saudável e mãos amorosas me conduzindo na vida.

Não queria ser egoísta. Que poderia eu fazer por
crianças e adolescentes que, como eu, precisavam de
amor, de segurança e de boas condições para crescerem
saudáveis?

O RIACHO

*Quantos pais são infelizes
com seus filhos, porque não combateram
suas más tendências no princípio!*

O Evangelho Segundo o Espiritismo,
Cap. V

Já há algum tempo ouvira tia Amélia comentar que Paula nem sempre lhe obedecia e, às vezes, ela respondia com grosserias.

Nessas ocasiões, para qualquer tentativa de diálogo, logo vinha a resposta:

— A senhora está ultrapassada, mamãe! Isto valeu para sua época! Hoje é diferente! O mundo evoluiu!

E quase sempre saía pisando firme.

Apesar desses momentos de rebeldia, Paula trazia dentro de si inúmeras qualidades e era uma boa companhia, principalmente quando se tratava de explorar um lugar novo.

E por falar em lugar novo, seria justamente a programação para o sábado: escalar a Serra do Bico do Papagaio, distante algumas centenas de metros do sítio.

Mas...

Tio Marcos, que fora o autor da proposta e que estaria cuidando das crianças durante a escalada, teve um imprevisto e estava sem condições de comandar o grupo.

Sozinhos, não poderíamos ir.

Nem preciso dizer que o protesto foi geral.

Logo que os adultos se afastaram Paula falou, quase cochichando:

— Vamos sozinhos?

— Vamos! Falaram baixinho alguns.

Mas Aline logo retrucou:

— Tia Célia está quase chegando, por que não esperá-la! Talvez ela possa nos acompanhar e nós evitaremos uma grande preocupação para os nossos pais.

Alguns concordaram e outros, não.

A maioria venceu.

Iríamos aguardá-la.

Tia Célia não só chegou logo, como também aceitou nosso convite. Colocamos roupa adequada e botas para proteger o corpo de arranhões e de picadas de cobras.

Últimos acessórios: cantil com água, lanche e boné.

E... lá fomos nós.

Com a marcha mais rápida no início, chegamos ao pé da montanha.

Depois começamos a subir por uma trilha, ora mais íngreme, ora menos inclinada, afastando galhos e evitando locais de vegetação mais densa.

De vez em quando, parávamos para contemplar uma árvore, uma flor, um pássaro ou um sagüi, tão comum naquela região.

Outras vezes parávamos para descansar, mesmo!

Como era interessante estar no meio da mata que era vista a distância do sítio.

Ela nos proporcionava uma visão cada vez mais ampla da região. Assim íamos identificando as terras dos nossos vizinhos.

Mais alguns minutos de caminhada e chegamos ao ponto mais alto da montanha.

A visão era magnífica! Indescritível!

O horizonte se estendia a quilômetros não só à nossa frente, como dos lados e atrás. Parecíamos um farol, fazendo uma volta de trezentos e sessenta graus e tudo abarcando! Céu azul, confundindo-se com terra de vários tons, qual colcha de retalhos!

Retalhos que fomos identificando.

Retalhos, verde mais escuro: plantações de café.

Retalhos, verde claro: pastagens ou plantação de cana-de-açúcar.

Retalhos, verde em vários tons e em relevo: matas.

Retalhos, marrons ou beges: terra nua para plantio.

Estávamos procurando um lugar para sentar e creio que aquietamos um pouco, pois ouvimos o barulho de correnteza de água.

Caminhamos em sua direção.

A algumas dezenas de metros, escondido no meio das árvores e arbustos, um riacho brotava vigorosamente dentre as pedras. A água límpida refletindo a luz do sol nos atraiu como ímã.

Fomos tirando os calçados e nossos corpos suados agradeceram o frescor daquela água.

Bem próximo, uma rocha negra de basalto que aflorava sobre o solo serviu-nos de mesa e assento.

Enquanto nossos corpos secavam, protegidos pela sombra de uma paineira, comíamos os sanduíches de pão caseiro.

O bate-papo estava animado e me lembro bem do comentário da pequena Gabriela:

— A água do rio nunca acaba?

— Claro que não – respondeu prontamente André. – Você não vê que o riacho do sítio tem sempre água?

— Mas quem é que põe a água no rio?

— A chuva, Gabriela! – respondeu em coro a meninada, achando que seria óbvio uma criança de nove anos já ter este entendimento.

Gabriela não se perturbou com a resposta da turma e tia Célia esclareceu:

— Quando você brinca na areia e joga água, o que acontece?

— A água some dentro da areia – respondeu Gabriela.

— Quando chove, acontece algo parecido: a água penetra dentro da terra e vai descendo, descendo, descendo até encontrar uma rocha como esta, em que estamos sentados. É uma rocha impermeável, que não deixa a água passar. Então a parte que está acima da rocha acumula água e recebe o nome de lençol de água.

— E eu que pensei que lençol de água fosse como um rio, um lugar oco no meio das rochas! exclamou Camila. - Quer dizer que a rocha, lá embaixo de nós, fica ensopada igual a um pano molhado?

— Exatamente! respondeu tia Célia. - E quando você pega um pano encharcado a água não escorre? Pois venham ver algo parecido.

Ela levantou-se e fez um gesto com as mãos nos chamando.

Nós a acompanhamos até o riacho.

— Esta água que está escorrendo vem de um lençol de água.

— É mesmo! Eu nem havia percebido! - falou admirado Fernando.

Todos nós passamos, naquele momento, a ver o riacho com outros olhos.

— Quanta água deve estar armazenada aí dentro do solo! - observou André.

— É, mas isso tem um preço!

A voz firme de tia Célia nos fez voltar atenção a ela.

— Que preço?

— O solo precisa estar protegido pela vegetação. Quando chove, as plantas amortecem não só o impacto da água com o solo, como diminuem a sua velocidade, protegendo-o contra a erosão. Desta forma, a água vai infiltrando lentamente no solo e alimenta os lençóis de água evitando enchentes.

— Quantas coisas aprendi hoje! – exclamou Gabriela.

— Como somos loucos e ignorantes, desmatando sem pensar nas conseqüências... – observou Paula.

— E tem mais! – completou tia Célia. – Tudo na natureza requer cuidados e proteção. Assim como este riacho está sendo preservado pelas plantas que o cercam, as crianças e adolescentes também precisam da proteção e dos cuidados dos pais e da sociedade.

Todos nós entendêramos o recado.

***

Fizéramos um passeio muito gostoso e uma pessoa adulta estava lá não só nos protegendo, como ampliando a nossa visão do mundo. Se tivéssemos vindo sozinhos, além desta perda, seríamos a causa de um grande aborrecimento na família. Afastaríamos a paz no nosso relacionamento.

Olhei discretamente para Paula.

Pela seriedade de seu semblante percebi que ela também havia entendido a lição.

128

O VÔO DO SABIÁ

...a fé se diz da confiança que se tem no cumprimento de uma coisa, da certeza de atingir um fim; ela dá uma espécie de lucidez que faz ver, no pensamento, o fim para o qual se tende e os meios para atingi-lo, de sorte que aquele que a possui caminha, por assim dizer, com certeza.

O Evangelho Segundo o Espiritismo,
Cap. XIX

Era 25 de dezembro.

Saí cedo para buscar leite no sítio vizinho.

Caminhando sozinha, pela estrada de terra, ouvia a cadência de meus próprios passos.

Os suaves impactos dos calcanhares com o solo ressoavam em minha cabeça, como o rufar de um tambor:

Tum...tum...tum...

O som agudo de minha respiração coordenava o ritmo das batidas do coração. Meu interior se interligava com os barulhos das gralhas, das maritacas, dos pássaros canoros, dos grilos, das cigarras...

Sons internos e sons externos faziam parte do mesmo concerto da vida!

O sol morno da manhã fazia com que as folhas da vegetação brilhassem mais intensamente.

A natureza refletindo o vigor da vida, os insetos e os pássaros compondo o fundo musical daquela pintura viva que Deus me oferecia levaram-me a sentir algo diferente.

Uma energia, que começou a vibrar em meu coração, se expandia dentro do meu corpo e não cabia dentro de mim! Ultrapassava meus próprios limites e ia se irradiando ao meu redor. Sentia-me conectada com tudo à minha volta.

A areia fina e fresca massageava meus pés.

A brisa acariciava meu corpo.

O ar perfumado penetrava minhas narinas trazendo-me vitalidade.

Os sons harmoniosos dos pássaros e insetos tocavam meus ouvidos e me embalavam com a suave melodia, levando-me a sentir vontade de dançar.

Sim, dançar naquele palco cercado de montanhas azuis. Dançar tocando as flores e árvores para elas sentirem a profundidade do amor que irradiava do meu coração!

Fui cada vez mais mergulhando naquela suave onda de alegria e paz.

Sentia-me grande, não por ser mais que os outros, mas por ter plena consciência de pertencer ao Universo.

Eu e toda obra Divina formávamos um todo interligado.

Como era bom estar neste estado de consciência!

Ondas de amor me enchiam de ternura pela vida! Como gostaria que todas as pessoas estivessem compartilhando comigo aquelas percepções que somente são captadas pela alma.

Mentalmente dirigi aquelas vibrações aos meus familiares e, depois, a toda Humanidade.

Estava agradecendo ao Pai tudo o que estava me oferecendo, quando um forte ruído brotou do interior da mata e algo saiu voando à minha frente.

Levei um grande susto!

Era um sabiá, também assustado pelo meu próprio barulho!

Meu coração batia rápida e descompassadamente.

O susto fez-me sentir medo e insegurança.

Conhecia bem estas emoções: desconforto no peito, sensação de que nada está bom, perda de ânimo...

Era como se tudo o que vivenciara anteriormente se apagasse dentro de mim.

Voltei a me sentir insignificante e ameaçada pela vida.

Saíra totalmente do estado de equilíbrio, do bem-estar, da felicidade.

Continuei caminhando e passei a observar, à minha frente, uma nuvem de pequeninos insetos.

Cada um refletia a luz do Sol qual pequenina estrela. Flutuavam no ar como se não estivessem sujeitos à gravidade terrestre. Seus movimentos sincronizados, rodopiando ao redor de si mesmos, fizeram-me lembrar nossa galáxia Via-Láctea.

Imaginei um dos pequeninos insetos sendo nosso Sol, nutrindo algo menor ainda, o nosso querido planeta Terra, com os seis bilhões de espíritos encarnados, cada um com seus conflitos e dores, cada um com suas vitórias e derrotas.

Já estava quase chegando ao sítio do "seu" José.

Continuei a prestar atenção na dança dos minúsculos insetos...

No canto dos pássaros...

No perfume das flores...

No verde brilhante...

Fui recobrando a paz e a serenidade.

Foi neste momento que o vôo do sabiá se tornou

simbolicamente importante para mim.

Durante a caminhada passei de um estado feliz para um estado infeliz. Depois, com algum esforço, consegui retornar ao bem-estar anterior.

Eu fora responsável pelo susto da pobre ave, assim como ela fora a causa do meu desequilíbrio.

Em nossos relacionamentos do dia-a-dia, influenciamos os outros e deles recebemos influências. Podemos gerar bons ou maus sentimentos nos outros e deles receber a reação boa ou ruim...

Somos responsáveis pela paz ou pelo desequilíbrio do planeta...

Daí a necessidade de resolvermos o mais rápido possível os nossos conflitos internos. As nossas emoções negativas como a raiva, a tristeza, a mágoa, o medo, entre tantas outras, precisam ser detectadas, logo que começarem a se manifestar dentro de nós, a fim de que tentemos nos libertar delas.

Sofremos muito porque esquecemos que somos imortais; deixamos de lado a nossa verdadeira essência espiritual.

Esquecemos de olhar dentro de nós e conhecer o que já temos de bom, como conquista, e o que ainda não está bem, para ser melhorado.

Lembrei-me de que era Natal.

Quando a sublime mensagem do Cristo, *Amar a Deus sobre todas as coisas e amar ao próximo como a si mesmo,* será a nossa meta maior?

Jesus coloca o amor a si como tão importante quanto amar aos outros. Quando aprenderemos a cuidar melhor de nós mesmos?

Já sabemos que reencarnação é uma oportunidade bendita de crescimento.

À medida que estas perguntas e reflexões surgiam em minha mente, voltei a sentir crescer em meu peito um amor muito grande por tudo! Queria fazer o melhor nesta encarnação. Por mim e por todos.

O sentimento de solidariedade foi crescendo dentro de mim e passei a compreender, com o coração, o seu profundo significado.

Como foi bom ter conseguido me libertar das emoções negativas do susto e ter reconquistado a paz íntima.

Foi neste estado de plenitude que cheguei ao curral para pegar o leite.

— Feliz natal, "seu" José!

— Feliz natal, Letícia!

ORAÇÃO DIANTE DA MATA

A prece deve ser profunda, porque é vossa alma quem deve se elevar até o Criador, que deve se transfigurar como Jesus no Tabor, e tornar-se alva e irradiante de esperança e de amor.

O Evangelho Segundo o Espiritismo, Cap. XXII

Em outro dia no sítio...

A caminhada tinha sido exaustiva devido às irregularidades daquela região montanhosa.

A subida forçada nos levou ao topo da mata.

Paramos para descansar.

Uma brisa suave roçava nossos corpos saudáveis e jovens. O suor escorria pelas faces.

Os pés de angico-branco chamaram a nossa atenção.

Seus caules finos, longos e de cascas grossas, ásperas e rugosas mostravam o grande contraste de suas copas, com folhas muito delicadas. Estas, embaladas pela brisa, quais suaves plumas, não só deixavam passar pequenas porções da luz do sol, mas também fragmentos do límpido céu daquela manhã.

Nós sabíamos que a sábia natureza, através da evolução, concedeu às árvores do cerrado a casca grossa de cortiça para evitar a perda de água na estação das secas.

Chovera na noite anterior e a umidade do ar beneficiava os pulmões.

Respirávamos fundo, fazendo penetrar em nós não só o ar, mas aquela energia, aquela paz, aquela beleza que nossas sensibilidades começavam a captar!

Uma forte emoção invadiu a todos e nossa conversação passou a expressar aquele estado elevado de alma.

Nosso grupo não tinha inibições em expressar sentimentos.

Aline deixou fluir o que se passava dentro dela. Respirou profundamente.

Abraçou o tronco rude e falou, dirigindo-se à árvore:

— Agradeço a bênção destas moléculas de oxigênio que suas verdes folhas distribuem e que agora estão penetrando nos meus pulmões, sendo conduzidas pelo sangue, visitando todo o meu corpo e mantendo a minha vida! Bem sei que elas possibilitam a liberação da energia de que tanto necessito para conhecer, contemplar e participar da magnífica obra do Pai, na dimensão em que me encontro!

"Agradeço este clima úmido e fresco que esta cobertura verde me proporciona, refazendo do meu cansaço!"

"Ofereço um pouco do gás carbônico que sai dos meus pulmões e a água do meu suor, que o vento evapora. Sei que por sábios caminhos, tanto a água e o gás carbônico atingirão estas obreiras que os utilizarão para a produção do alimento universal: a glicose!"

"Obrigada, Senhor, pelo estado de elevação espiritual em que me encontro neste momento! Pela paz, pela alegria e pela serenidade que percorre todo o meu ser!"

"Obrigada pela sabedoria com que construíste a Terra, espaçonave que fizeste para que eu pudesse conhecer parte de Tua Obra e avançar rumo ao infinito! Permite Senhor que eu nunca perca este referencial, que eu jamais esqueça a vivência deste momento!"

O cântico dos pássaros e o cadenciado som das cigarras e outros insetos intensificavam as vibrações sublimes do momento.

Permanecemos em silêncio...

Marcos, ainda absorvido pela prece, foi o primeiro a falar, profundamente emocionado:

— Tenho aprendido bastante sobre ecologia nos livros, na escola ou pela televisão, mas jamais havia me sentido um "ser ecológico". Neste momento, senti despertar uma nova dimensão em mim. Compreendi melhor como tudo está interconectado comigo e eu, com tudo.

Aline acrescentou:

— Esta interligação não é apenas através do mundo material mas, principalmente, através da nossa consciência, dos nossos pensamentos, sentimentos, emoções e atitudes.

Continuamos trocando observações por algum tempo antes de retornarmos.

Todos sabíamos que as palavras seriam muito pobres para expressar as vivências daquele momento, mas algo ficou muito claro no âmago de cada um: existem sentimentos cujas vibrações sublimes tocam as notas mais sutis da nossa alma e isso o mundo material jamais pode fornecer.

Mais tarde, iríamos compreender que o homem sente falta desta sintonia que o completa, e que a busca desenfreada pelos prazeres do mundo não o leva à sua plena satisfação. Finalmente, já exausto, passa a perceber em si mesmo a fonte suprema da felicidade e da paz!

***

Que sua pacificação interna seja o grande alvo de sua vida!

Abraços fraternos da
Letícia

140

141

142

143